徽州鄉愁

程道德之诺

Memories of Huizhou

Commitment of Mr Cheng Daode

《徽州乡愁——程道德之诺》编委会 编

浙江摄影出版社

让城市留住记忆，
让人们记住乡愁。

——习近平
2018 年 10 月 24 日在广东考察时指出

《徽州乡愁——程道德之诺》编委会

序　一

蒋作君

自从 1991 年父母搬离故乡老宅后，我一直未能重返老宅，也一直想回老宅看看。甲申年春节期间，我终于下决心一偿夙愿。

从秀丽的皖南山城屯溪往西走，沿着清澈见底的率水而上，过黎阳镇，经小龙山麓，遂进入徐村、三门呈村，再踏着田间羊肠小径约摸走一刻钟，便来到我的故乡老宅。这是一条我非常熟悉并经常进入梦乡的路，阡陌交通，鸡犬相闻，我边走边看边回忆着，似乎在寻找我童年、少年和青年的足迹。这条路上，曾走动着我童年瘦弱的身影，那是跟着爸爸、妈妈周末去屯溪赶集；这条路上，曾挥洒过我少年辛劳的汗水，那是从屯溪粮站返回，肩上压着一百多斤刚买的米；这条路上，曾留下我青年沉重的足迹，那是离开父母和故乡奔赴“广阔天地”插队落户。从那以后，也就是 1974 年 3 月，我就离开了故乡老宅。1991 年后，父母也搬离了故乡老宅。自 1961 年入住故乡老宅到 1991 年离开，整整三十年。

故乡老宅坐落在一个山坡上，背北面南，站在家门口可见远峰峥嵘，近山逶迤，四周山上长着葱茏的马尾松和绿油油的茶树。这里住着二十来户人家，民风淳朴，勤劳刻苦，靠养殖和种茶为生。1964 年以前，这里曾是畜牧场，鸡鸭遍地，牛羊满山，猪圈猪肥，马厩马壮。童年时候我曾当过牧童，衣不遮体，光着双脚，唱着牧歌，驱赶着牛羊满山遍野放牧。肚子饿了，采几个野果充饥；嘴巴干了，喝几口泉水解渴。腿常常被荆棘划烂，脚偶尔被毛栗刺破。几年的放牧生活，使我练就了一副呼唤牛羊、震撼山川的大嗓子和跑出来一双四十三码鞋的走南闯北、跋山涉水的大脚。1964 年以后，畜牧场并入茶场，从此这里的人们变养殖畜禽为种植茶叶。

故乡老宅位于一条石子路旁，过去曾被高大的梧桐树掩映着，可谓“枝迎南北鸟，叶送往来风”，周边有竹园，环境幽静、优美。小时候，每当夏季夜幕降临的时候，在房前洒些水降温，然后我躺在门前的竹床上，沐浴着习习山风，用芭蕉扇驱赶着蚊子，望着满天星斗，听爸爸讲述牛郎织女的故事和像银河一样长的中国古代历史的典故……那情景至今历历在目，那熏陶积淀了我的人文底蕴。

故乡老宅是简易的砖瓦结构，共三间，系套房。第一间从中一隔为二，前面是堂前，是接待客人和吃饭的地方。记得当年正面墙上贴着毛泽东肖像，两侧对联是，听毛主席话，跟共产党走。其余墙上贴满了我的奖状。后面是厨房，烟囱隐藏在墙内，一生火便炊烟袅袅。烧的柴是茅草，是我放暑假时割的。第二间是我父母和姐妹们的卧室，内放两张床。有一个老式衣橱，一个有木雕图案的梳妆台和几只樟木箱子。第三间又从中一隔为二，前面是我的书房，后面是我的卧室。就在这个老宅里，我度过了整个童年、少年和部分青年时光；就在这个老宅里，我经历了20世纪60年代的艰难时光；就在这个老宅里，我勤学苦练，发愤图强，成了小学时的一等优秀生，中学时的三好学生、高材生和粉碎“四人帮”后的首届大学生。

过去，外面的世界有一股强大的力量吸引我从故乡老宅走出去。于是，我走进了高等学府，走到了大洋彼岸，走进了省府大楼……现在，又有一股强大的力量吸引我回归走进故乡和故乡老宅，我走到我曾面壁十年苦读的书桌旁静坐，走进已进入耄耋之年的老邻居家拉拉家常，走到小时候曾游泳过的池塘边摘几株小草，走到过去曾去过无数次的水井边摸一下井沿、拾几颗石子，走到过去曾流过汗水的茶园里捧起一抔黄土……这是刻骨铭心的乡恋啊！

三十年过去了，故乡老宅显得更破旧了，只有门前的青石板阶石风吹雨打，经年不变；故乡所熟悉的邻居也不多了，有的已作古，有的已迁居屯溪城里。然而，故乡人民的生活更殷实了，故乡的生态环境更优美了，故乡的交通也由山路变“高速”了，故乡老宅和在故乡老宅中培育的精神在我心中久而弥光，远而弥芳。

（作者为全国政协副主席，致公党中央主席）

序 二

陈平原

多年以前，我为北大法学院教授程道德先生的“中国近现代高等教育文物丛书”撰写总序，题为《“大学”如何“收藏”》（《中华读书报》2010 年 7 月 7 日），其中有这么一段：“我歆羡其收藏的不少珍品（如康有为、梁启超的手稿），对其锲而不舍地关注高教文物，更是钦佩不已。因为此类收藏需要投入很大精力，只有从学术文化的角度，才能理解其意义。换句话说，程先生的收藏趣味，不是投资家，更像在筹办专题博物馆。”

就在我撰写此文的这年春天，安徽休宁县委书记带队赴京拜访，请程先生为家乡的中国状元博物馆的建设出谋划策，他当即承诺捐献私藏的 185 件珍贵的清代科举文物，从而成就了今天休宁中国状元博物馆中的“清代科举文化馆”。

不难想象，对于年事日高的程道德先生来说，当下最大的愿望，除了编书，就是给多年辛苦搜集得来的珍贵藏品找个合适的家。不断听他讲述有关藏品落地的好消息与坏消息，我已经习惯乃至麻木了；于是表态，别的忙帮不上，但只要他捐赠的博物馆开馆，我一定前去祝贺。

终于，终于，就在 2024 年 4 月 27 日上午，位于黄山市屯溪区的徽州乡愁博物馆举行开馆典礼，我应邀出席。可惜的是，藏品捐赠者程先生因身体原因无法莅临现场。开馆典礼热热闹闹，自有记者报道，不必我赘述。倒是开馆前一天晚上，我和几位朋友请主办方安排车辆，专门前去观赏，其感受值得一说。

这是一座小型博物馆，馆舍总建筑面积 1000 平方米，目前主要由程先生捐赠的 200 余件古籍、字画、文书等各类文物构成，除了序厅以及介绍程先生业绩的 “游子思乡”，主体部分包括书院文化、东亚儒学、徽州中医、皖人书画。“皖人书画”当然是多多益善，作为私人收藏，这已经很不错了。“书院文化”以及“东亚儒学”在我的知识视野中，故能欣赏其作品与陈列方式。但说实话，真正出乎意料、让我大长见识的，是利用名医造像、著作展陈以及药材插画构成的“徽州中医”——对于新安医学在徽州文化中的突出功用，此前我竟然毫无知晓，实在不可原谅。

此馆目前以程先生藏品为主，日后可以吸纳各家捐赠，但无论如何，仍属于小型博物馆。对比同在屯溪、被定为国家一级馆的安徽中国徽州文化博物馆，只能是小巫见大巫。明知如此，我为何仍对此情有独钟？分两方面说，先说藏家。当年在我总序中就说了：“好东西落在你手里，你有责任善待它，让其发挥最大效用，服务于学界乃至整个社会。至于用什么方式，因人而异，有出借的，有捐献的，有展览的，也有整理出版的。”如今，程先生将部分藏品回馈家乡，由政府出面，建设小型博物馆，无论从哪个角度看，都是值得大力表彰的义举。

再说受众。就以美食为例吧，我们需要丰盛的大餐，也欣赏多样的小吃——某种意义上，小吃更能代表那个地方的物产、民风、习俗以及文化趣味。单就吸引观众而言，大型博物馆的优势不言而喻。但船小好调头，只要瞄准方向，用心经营，也可以——甚至是更容易——做出特色。早年撰写《阅读日本》（沈阳：辽宁教育出版社，1996 年；增订版，北京：三联书店，2017 年），让我念念不忘的正是那些散落在日本各地、与旅游密切结合的小型博物馆。

在典礼后举行的学术研讨会上，好几位专家就某一件或某一类藏品的文化内涵做了精彩解读，我对具体藏品没有深入研究，只能大而化之，谈博物馆在今天中国人的日常生活中到底发挥什么样的作用。虽不是博物馆学方面的专家，但我一直关注中国的博物馆事业，在《看得见的风景与看不见的城市》（《北京社会科学》2018 年第 9 期）中，我曾谈及：“作为建筑的博物馆，在中国各大城市里正茁壮成长，一时蔚为奇观。可硬件不等于软件，博物馆建筑与作为收藏、展览、研究三合一的博物馆文化，二者并不同步。而培养公众积极、认真、深入阅读博物馆的热情，以达成自我修养的目标，更是相当艰巨的任务。最应该用力的，是如何提高公众进博物馆参观的热情，以及阅读博物馆的能力。”

晚清时，我们曾将博物馆（Museum）译成了“宝物馆”。宝物馆的功能是藏宝，而博物馆则在收藏之外，更注重藏品的研究与展出。藏品之进入博物馆，不一定因其珍贵，更可能是因其代表性，或在知识链条上占据重要位置。借助于展览，我们得以了解那已经消逝的历史场景，以及人类日常生活的连续与变异。在这个意义上，有多少国宝入藏，固然是评判博物馆级别的重要标准；但从知识传播角度看，没有什么一级文物，不等于就办不好博物馆。

在国内国外旅行，我当然乐于参观那些具有代表性的大博物馆，但也不薄偶遇或友人推介的分散各处的小型博物馆。后者说不定以独具特色的收藏或展出，会给你惊鸿一瞥的强烈感受。

2005年秋冬，我和妻子在哈佛大学访学，10月的某一天，美国卫斯理学院东亚语言与文化系魏爱莲教授开车，带我们游览马萨诸塞州塞勒姆镇，那里最有名的是女巫博物馆，再就是见证中美文化交流的荫余堂。此堂初建于嘉庆年间，原本坐落在安徽省黄山市休宁县黄村，上世纪80年代中后期，因子孙迁移，房宅空置，面临被拆除的命运。而后历经坎坷，漂洋过海，在美国塞勒姆镇得以重建，自2003年开馆至今，成了西方人了解中国建筑乃至中国文化的重要景观。徽州之行，偶然聊起此事，竟然有两三位参与 / 见证此事的当地官员及文化人补充了很多有趣的细节，让我对这个精彩故事的来龙去脉有了更多了解。

徽州这个地方，历史文化底蕴深厚，理应有更多公家或私立、大型或小型、风格与趣味迥异的博物馆，以适应不同的趣味与需求。也正是基于此信念，研讨会上，我谈及随着第四批国家一、二、三级博物馆名单公布，中国有级别的博物馆总数已达到1224家，其中一级博物馆204家、二级博物馆455家、三级博物馆565家。我对投资巨大、藏品丰富的国家一级馆充满敬意，随时准备抽时间前去打卡；但也对全国各地星罗棋布的未能晋级的小馆表示理解与同情。小型博物馆没有那么大的客流量，经济上不可能获益，更多的是知识传播的责任以及对乡愁的慰藉。

你问我到底这是谁的乡愁，回答是：博物馆作为一种文明装置，本身就是现代人的乡愁。这种乡愁既属于政府，也属于民间；既属于捐赠者，也属于参观者。

（作者为哲学社会科学一级教授、北京大学博雅讲席教授、中央文史研究馆馆员、北京大学现代中国人文研究所所长）

序 三

胡 宁

2023 年秋天里的一天，我们来到程道德先生位于北京西三旗的家中，进门落座，开门见山，“我们寻宝来了”。先生笑而不语，很快搬来了一件件、一捆捆古籍、文书、字画。整个上午，我们沉浸其中，孙起孟、赵朴初、赖少其、刘开渠、张建中、汪观清……一份份墨宝，笔力遒劲，文气沛然；还古书院、紫阳书院、问政书院、碧阳书院……一个个名字，山高水长，古意盎然。先生摩挲着故纸，开始细水绵长地讲述内里的故事，跌宕起伏，内蕴深长，听得大家如痴如醉。

持续几个小时，先生亹亹不倦。约好的牙医上门，他居然说牙疼已经好转，没事了，送走了医生。还是老伴汤老师细心贴心，送上一杯家乡的绿茶，不时添水，转移话题，提醒走动休息。

“能让这么多宝贝回徽州老家吗？我们想在屯溪建一座乡愁博物馆。”交谈中，众人恳切表达了请求，似乎有点突兀。先生和夫人交换了会意的眼神，已经给了我们肯定的答案，随后，掏出一份长长的目录，轻轻搁在桌上。我们俯身一看，上面写得密密麻麻，居然是拟好的展陈文案！板块清晰，珠联璧合。末了，还指着几处新补充的笔迹，小声补充道：“有几件藏品，刚刚拍到，还没收到呢。”

说罢，老先生惬意地往后一躺，靠在沙发上，仿佛卸下了什么，他望着对面的窗子，目光穿过窗户，直到很远很远……

程道德先生，一位从中国第一状元县安徽休宁走出去的状元级人物。20 世纪 50 年代，他以初中学历，勤学苦读，发愤图强，一举考取北京大学，后留校任教，成为知名法学专家，桃李无数。

维桑与梓，必恭敬止。程道德先生身居首都，情系故土，对家乡休宁，他十年“三诺”，件件兑现，带给人们的感动和力量，比千金还要珍贵。

“一诺”促成中国状元博物馆。在2004年的休宁籍在京人士恳谈会上，程老说：“休宁是状元县，历史上出了19个文、武状元。假如能建起状元博物馆，我将捐出收藏的科举文物！”随即就当场捐出包含清代状元捷报的第一批八件文物，会场旋即响起雷鸣般的掌声。当时作为县长的我，赶紧走上前去，紧紧握住老人的双手，郑重表态：“我们一定要建起状元博物馆！”合民心、顺民意，各方群策群力，休宁状元博物馆顺利建成，于2005年5月1日正式开馆，成为状元古县的文化地标和徽州文化与状元文化的展示窗口。此为“一诺”。

“二诺”促成清代科举文化馆。状元博物馆建成后，程老欣慰之余，主动提出要将珍藏的200多件科举文物全部捐给家乡，在状元博物馆内建成一个专题类展厅“清代科举文化馆”。言必信、行必果，在北京育新花园的家里，老人一件一件地把东西交给我们，没有丝毫不舍，只有郑重的托付。而今在状元博物馆东区的位置，一座古朴雅致的小楼悄然挺立在人们的眼帘，构思精巧的展厅，一件件珍贵的清代科举文物，无不饱含着老人寻访收藏的艰辛，浸润着他对家乡的赤子之爱。“乡贤程公，桑梓情浓，漉沙淘金，襟怀可镂。”所以，家乡的人们更愿意将这座充溢着书香的博物馆称作道德馆，一来是为了铭记程老回馈家乡的赤子之心，二来也体现了乡亲们对他的敬重与爱戴。此为“二诺”。

“三诺”促成一次特别展览。2015年，黄山市要编一本《徽州乡村纪事》大型图书，我带编辑部的同志上门约稿的时候，老人说了一句：“我手头还有几大系列的藏品，如果有可能，就回到家乡办一个专题展览吧。”——这云淡风轻的又“一诺”，就是后来在徽州文化博物馆的精彩展出：“学人风范——中国近现代大学校长遗墨展”。三十五年的精心收藏，二百余件珍贵展品，囊括了二十世纪上半叶百余所中国高校二百余名校长的宝贵翰墨，见字如面，学人风范，尽在眼前。程老亲临现场，坐在轮椅上为来宾详细讲解展品的渊源、故事，令人感佩莫名。此为“三诺”。

而程老对家乡的回馈，并未就此止步。2023年秋，程老又将多年收藏的文物悉数捐出，并亲拟展陈方案，支持家乡建设一座乡愁博物馆，内里正如本文开篇所述。如今，乡愁博物馆已建成并对外开放，我们徜徉其间，不难发现这样一个事实：程老收藏不只是出于兴趣爱好，更多的是出于对文化传承与弘扬的责任和使命。

鲜为人知的是，为收藏文物，程老可以一掷千金在所不惜，几乎耗尽毕生心血和财力。

但在日常生活中，却同老伴汤老师节衣缩食、自奉甚俭，以至家中招待客人竟几乎找不全成套的茶具，卫生间里的瓶瓶罐罐盛满了洗脸洗菜的水，要等着二次利用冲马桶。一俭一奢，大义存焉。

2016 年 7 月，程道德先生荣登“中国好人榜”，颁奖词是这样写的：学高为师，身正为范；学者之风，一诺千金。先生曾说：“作为徽州人，故乡这个概念在我心中是根深蒂固的。我一刻也不曾忘记这片生我养我、供我成长的故土。我要为徽州文化出一份力，这既是义务，更是责任。”先生是这样说的，也是这样做的。

几十年来，程道德先生一直行走在弘扬中华优秀传统文化的路上，用自己的力量回馈家乡，用慷慨的奉献造福故土。作为晚辈忘年交，我一直景仰并谨记先生坦荡的胸襟、大度的格局和无我的境界。所以，这一本《徽州乡愁——程道德之诺》，是文化的记录，是乡愁的留存，是情感的保真，更是一份对先生的致敬。

是为序。

（作者为一级巡视员，原黄山市政协副主席，现黄山市非遗研究会执行会长）

序 四

吴旭光

几年前刚来屯溪工作时，我就几次在会上提出并且特地找相关人员讨论这样一个题目：屯溪历史悠久，春秋时候就有人在这里生活和创造，在千年徽州的地位也很特殊；文化底蕴也十分深厚，大师辈出，还有众多国保单位、国家级非遗项目和国家级历史文化名街，应该如何概括屯溪文化的特质，增强屯溪的文化自信，提升人们对它的认同感和归属感？

后来区文联精心编辑了《屯溪赋——作家笔下的胜地名城》一书，印刷之前把样书送给我看，我一看就觉得很好，受到很大启发。特别是我们的徽州老前辈——原中共中央农村政策研究室副主任、原国务院发展研究中心副主任吴象先生的散文《忆屯溪》让我大受震动，非常感动，有好多句子连看了多遍，长久停留在心里。他写道：

在我童稚的心中，世界上再没有比屯溪更好的地方了。

这一走四十多年没有再回屯溪，但它那清幽明丽的风光、古朴宏伟的石桥、繁华熙攘的老街，却和我的童、少年时代的往事融成一片，给我逐渐淡去的记忆罩上了一层亲切、温馨的轻纱，又化作缕缕乡思，不时牵动着我的眷恋之情。

此时夜深人静，屯溪街上只留下几处稀疏的灯火。一轮皓月高悬在万里无云的碧空，带着凉意的月光清辉倾泻在新安江上。江水缓缓东流，波光粼粼闪亮。屯溪原来就美，如今笼罩在一片朦胧的银白色的月光之中，尤显得幽美空灵，无与伦比。

四十多年前那次皓月之夜的长谈，却和皓月之夜的屯溪融在一起，永远留在了我的心中。

我开始思考，屯溪对吴象意味着什么？是他的情之所系、心之所属，是他无论走到哪里，永远都不能忘怀的故乡。这就是乡愁！

我还想起20世纪60年代，大作家老舍来到屯溪后深有感触写诗赞美屯溪：“热爱江南鱼米乡，屯溪古镇更情长。小华山下桃花水，况有茶香与墨香。”我开始有了一个信念，要提高人们对屯溪的认同感与归属感，关键要将屯溪历史文化的魅力释放彰显出来，还要把屯溪建设得比过去更美好，更温馨，才值得人们长久地怀念。

几年来，屯溪凝心聚力，按照黄山市建设生态型、国际化、世界级休闲度假旅游目的地的要求，瞄准山水人文、创意创新、开放枢纽、青春活力、美丽幸福“五个之城”的路径，打造美丽新城区、全域大花园、乡村新样板，致力建设全国“最干净城市”，高标准建设美丽时尚高品质现代都市区。文化建设方面，坚持推广戴震学术文化、程大位珠算文化和篁墩姓氏文化，实施徽州古建筑保护利用和徽州文脉传承工程，建设徽州乡愁博物馆和中国“工合”浙皖办事处旧址陈列馆，创建柏树街省级文化休闲美食街区和徽州漆器保护利用示范区，升级漆器、歙砚、徽墨和臭鳜鱼、毛豆腐产业，持续举办春节非遗民俗踩街、端午龙舟文化节、中秋舞龙会和江畔音乐会、田园音乐会。建设和美乡村和美丽宜居村庄，按景区标准整治农村人居环境，提升基础设施和公共服务水平；坚持自治、法治、德治相结合，推动移风易俗；培育创业带头人，鼓励农民发展特色种养、乡村旅游和农产品精深加工产业。强化人文情怀，积极落实暖民心行动，建好社区老年食堂及助餐点，完成特殊困难老年人家庭适老化改造，开展城市居家和社区养老服务全省示范建设，满足群众对高品质生活的新期待。

今年，省里提出建设大黄山世界级休闲度假康养旅游目的地，屯溪将抓住契机打造核心高地和总部基地。大力发展休闲度假、创意经济、体育赛事、医疗康养、会展经济、文化服务等六大高端服务业，打造会议、会奖、会展之城和区域消费中心；推进屯溪老街、屯溪河街、黎阳in巷、柏树文化休闲美食街区等品质提升；培育城市旅拍、特色美食、高端民宿、非遗文创、实景演艺等新场景、新业态。

正当屯溪人民全力以赴，致力打响“国际屯溪”品牌，加快建设“国际会客厅”，在实现国际化、现代化的路上奋力奔跑的时候，耄耋之年的北京大学法学院教授、知名学者和文物鉴藏家程道德先生，无条件献出200余件珍贵文化藏品，倡议在屯溪建一座徽州乡愁博物馆。这是徽州赤子的一项义举、善举，也是壮举。屯溪区委、区政府十分感谢程老先生对屯溪文化事业的大力支持，立即对博物馆工程进行全面部署和实施，尽最大努力建成一座有品位、有特色的文化博物馆。

徽州乡愁博物馆是徽州人的乡愁博物馆，寄托着几千年来历代徽州人对徽州这片厚土的热爱和眷恋，以及对灿烂辉煌徽州文化发自内心的喜爱与骄傲。徽州乡愁博物馆又不只是徽州人的乡愁博物馆，数百件文化珍宝从全国各个地方，甚至国境线以外的东南亚等地区，集结在这里，为各地观众讲述历经数代的中国文物的故事，展现五千年中华文明的强大魅力。所以它也是坐落在徽州屯溪这块土地上的一座中国的乡愁博物馆。

文化是民族的“根”与“魂”，中华优秀传统文化是中华民族的力量之源、情感之源、动力之源和信心之源，是中华民族的精神家园。1100 平方米的徽州乡愁博物馆，有文物展厅、场景还原区、多媒体互动区、研学空间等功能区，通过精心布置，构筑起一个独特的空间，一片心灵的栖息之地。

习近平总书记指出：“一个民族、一个国家的核心价值观必须同这个民族、这个国家的历史文化相契合。”中华优秀传统文化中的“大道之行也，天下为公”“天人合一，道法自然”“天下兴亡，匹夫有责”“以和为贵，和而不同”“革故鼎新，与时俱进”“天行健，君子以自强不息”“己所不欲，勿施于人”“言必信，行必果”“正心诚意，修齐治平”等思想理念，是民族赖以生存的根基。“儒家学术”和“书院文化”展品，尤其保存了大量儒家文化信息，是极其宝贵的精神财富，值得永远品味。

世界瞬息万变，一日千里，徽州乡愁博物馆是温柔宁静的一角。

中华优秀传统文化是我们的精神归属、感情所托，是我们永远的乡愁。

（作者为中共黄山市屯溪区委书记）

目录

乡愁，是永不老去的一种情怀；

徽州，是中国乡愁的一张名片；

屯溪，是梦里故乡的一个地标。

树高千尺，叶落归根，这是中国人渗透骨血的归乡情结。饮一杯海峡月，折一支灞桥柳，采一颗相思豆，吹一曲游子吟，凡此种种，都是对故乡的情感投射。

在文化底蕴深厚的徽州，文人雅士更是用笔墨将乡愁汇聚成诗书画作，在徽州大地上浅吟低唱，映照徽州游子的归乡之路。

程道德，一位从休宁县城走向首都北京的知名学者，痴心收藏几十年，藏品涵盖古钱币、古代文书、名人墨迹等诸多门类，并积极通过各种形式，不遗余力地传承、弘扬中华优秀传统文化，助力徽州文化发展。鲐背之年，为回报桑梓，程道德先生将个人收藏的众多文物捐赠给家乡，以期在传承徽州文化根脉的过程中激活现代“乡愁”。

在此，我们不仅可以看到程道德先生对家乡文化事业的热忱，更能触摸到中华优秀传统文化的脉搏，感受徽州文化的璀璨风华。

我是安徽徽州人。

徽州全区都是山地，由于黄山的秀丽而远近闻名。这一带的河流都是自西北向东南流的，最后注入钱塘江。因为山地十分贫瘠，所以徽州的耕地甚少。不足的粮食，就只有向外地去购买补充了。所以我们徽州的山地居民，在此情况下，为着生存，就只有脱离农村，到城市里去经商。因而几千年来，我们徽州人就注定地成为生意人了。

——胡适《胡适口述自传》

将来的新徽州很欢迎大家来登黄山，游练水，凭吊朱晦庵、戴东原。将来的新徽州要造成一种境界，使得别人不愿、不忍、不敢在这里杀人放火。我以至诚之意敬告我们最敬爱的父老兄弟姐妹：我们千万不要辜负新安大好山水，我们要把我们一个个的小生命捧出来，造成徽州的伟大的新生命。

——陶行知《徽州人的新使命》

知君所学随年进，
许我重游到皖南。

——黄炎培《赠黄村小学联》

人无不爱其故乡，凡有血性者皆然也。岔口，余之生长地也，其地山清水秀，风俗淳朴，余自束发以至成童，皆度岁月于是，及长，离乡他适，然每逢佳日，心中辄怀故乡弗能忘。

——吴景超《皖歙岔口村风土志略》

壹

书院文化 滋润徽乡

巍巍华夏，教泽绵长。在中国数千年文明史上，教育始终占有重要的地位。

作为中国教育史上与官学平行交叉发展的一种教育制度，

书院始于唐，成熟于宋元，普及于明清。

“学之地自府县学外，多聚于书院。”

在传统社会中，书院是重要的文化传习场所，

也是学者士子研习学问、著书立说、推行儒家伦理教化的重要基地。

在千年学脉的绵延赓续中，书院是极其醒目的标志，

具有穿越时空的文化价值，

当之无愧地成为中华文明的鲜明象征和优秀传统文化的斯文正脉。

徽州，文风昌盛，书院林立，

流传至今的各类实物、文献，车载斗量，

为研究书院文化、徽州教育，乃至中华传统文化的传播与发展，

提供了丰富而翔实、具体而生动的历史文化信息和佐证。

大成至圣先师孔子像

清・孔子七十三代孙孔庆森绘

62cm×133cm

景仰圣贤 礼仪之邦

中华文化，源远流长。千年文脉，圣贤辈出。孔孟先师以“仁义”开儒学之源，二程、朱熹以“理”构建儒学新体系，后来者继往圣之学，批判继承，开时代新篇章。这些思想学说不仅参与构建了中华文化的骨架，还为其提供了丰富的精神滋养，更让中国以“礼仪之邦”闻名于世，成为中国传统教育的核心内容，塑造了一代代华夏英才。

儒家文化作为中国传统文化的主流，犹如砥柱中流，承载着华夏文明的厚重。自孔孟先师奠定儒学基石，儒学在千年的传承中，逐渐形成了一套完整的价值体系和道德规范，深深烙印在中国人的心灵深处。

儒学不仅是中国文化的核心，更是塑造华夏民族性格的重要力量。它强调的仁、义、礼、智、信等道德准则，培育了一代代仁人志士，引领了社会道德风尚。在国家治理、家庭教育、人际关系等方面，儒学都发挥着不可替代的作用。

当今时代，面对全球化的挑战和科技的飞速发展，儒家文化仍具有独特的价值。它倡导的人文精神、和谐理念和道德追求，对于解决现代社会问题、促进人类文明进步具有重要意义。

至圣先师孔子庙图

清・拓本

59cm×115cm

鲁孔子庙之碑

清 · 拓本

83cm×213cm

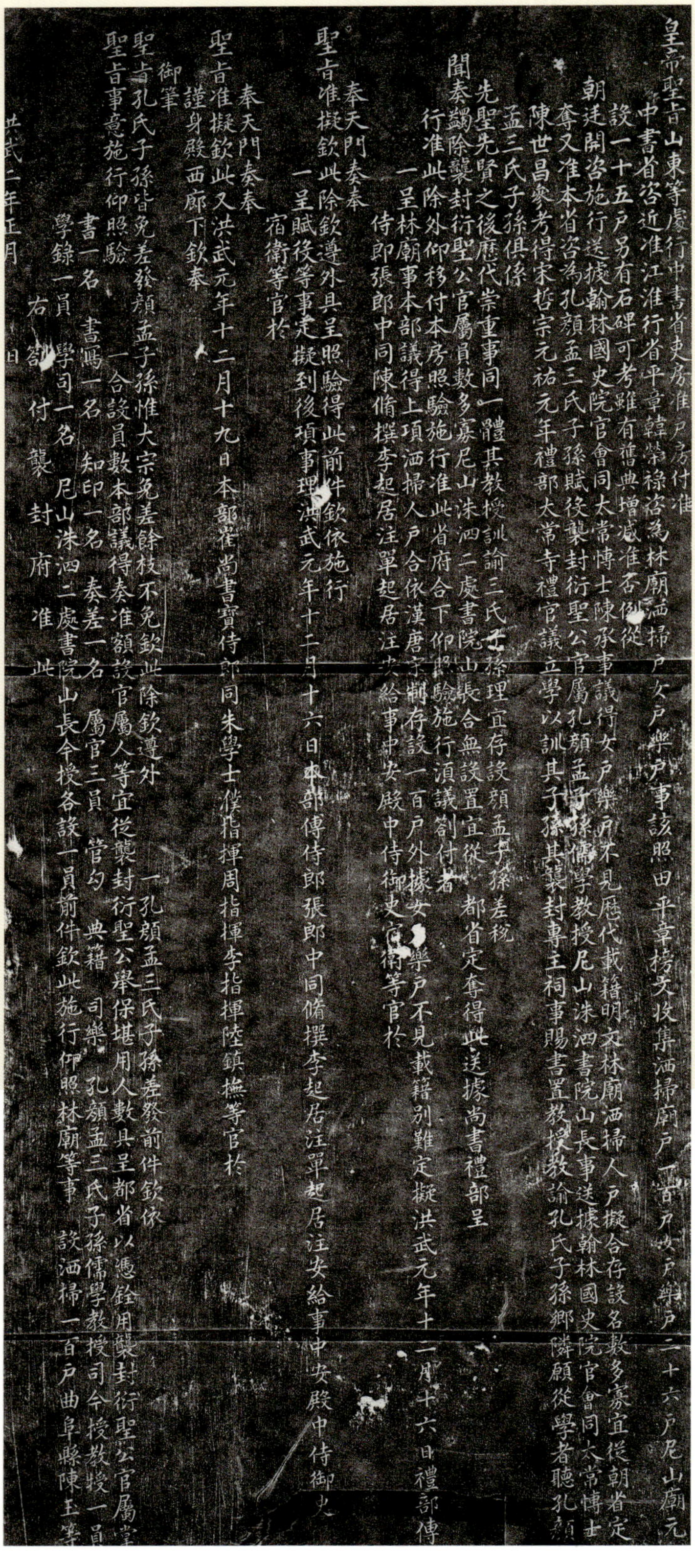

明洪武帝

对孔、颜、孟三家子孙之寿赏及训谕碑

旧拓片

70cm×136cm

先师孔子行教像

旧拓片轴

62cm×133cm

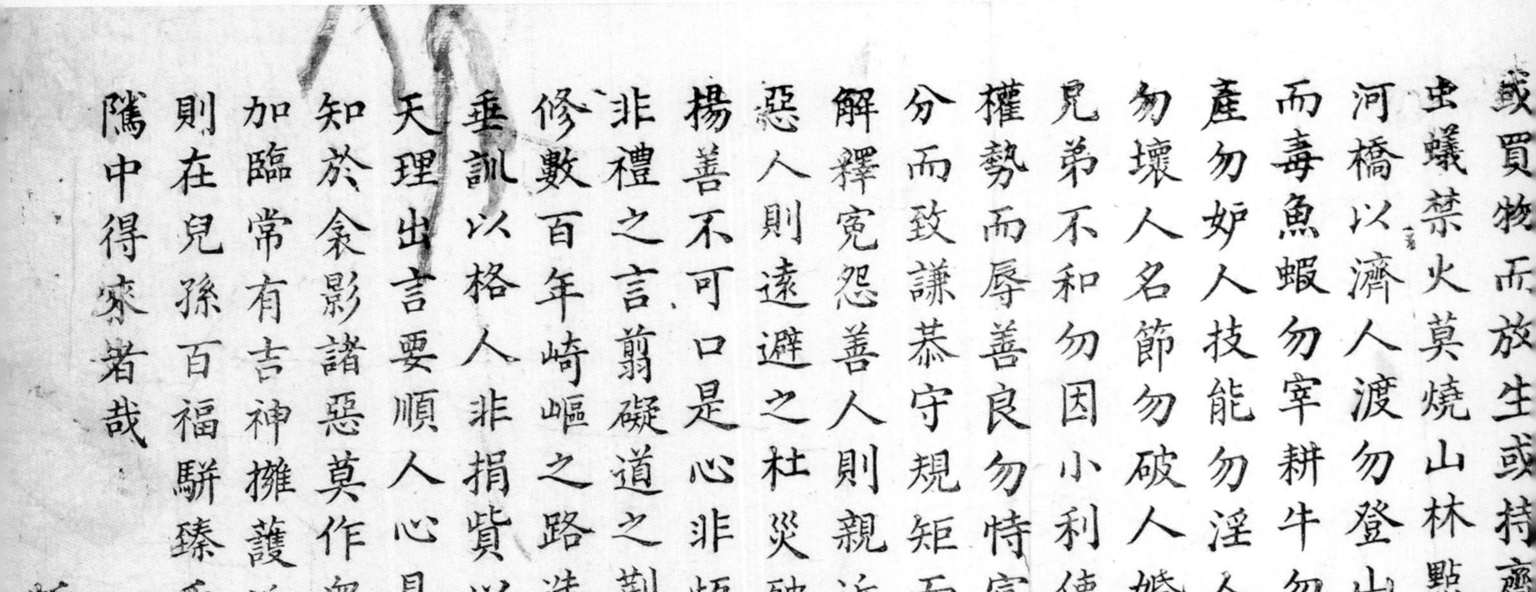

或買物而放生或持齋而戒殺舉步常看虫蟻禁火莫燒山林點夜燈以照人行造河橋以濟人渡勿登山而網禽鳥勿臨水而毒魚蝦勿宰耕牛勿棄字紙勿謀人財產勿妒人技能勿淫人妻女勿唆人爭訟勿壞人名節勿破人婚姻勿因私讐使人兄弟不和勿因小利使人父子不睦勿倚權勢而辱善良勿恃富豪而欺窮困依本分而致謙恭守規矩而遵法度和諧宗族解釋寃怨善人則親近之助德行於身心惡人則遠避之杜災殃於眉睫常須隱惡揚善不可口是心非恆記有益之語罔談非禮之言翦礙道之荆榛除當途之瓦石修數百年崎嶇之路造千萬人來往之橋垂訓以格人非捐貲以成人美作事須循天理出言要順人心見先哲於羹牆慎獨知於衾影諸惡莫作衆善奉行永無惡曜加臨常有吉神擁護近報則在自己遠報則在兒孫百福駢臻千祥雲集豈不從陰騭中得來者哉

忻州崔勷敬刊送

《文昌帝君阴骘文》横幅　清・刻本 82cm×28.5cm

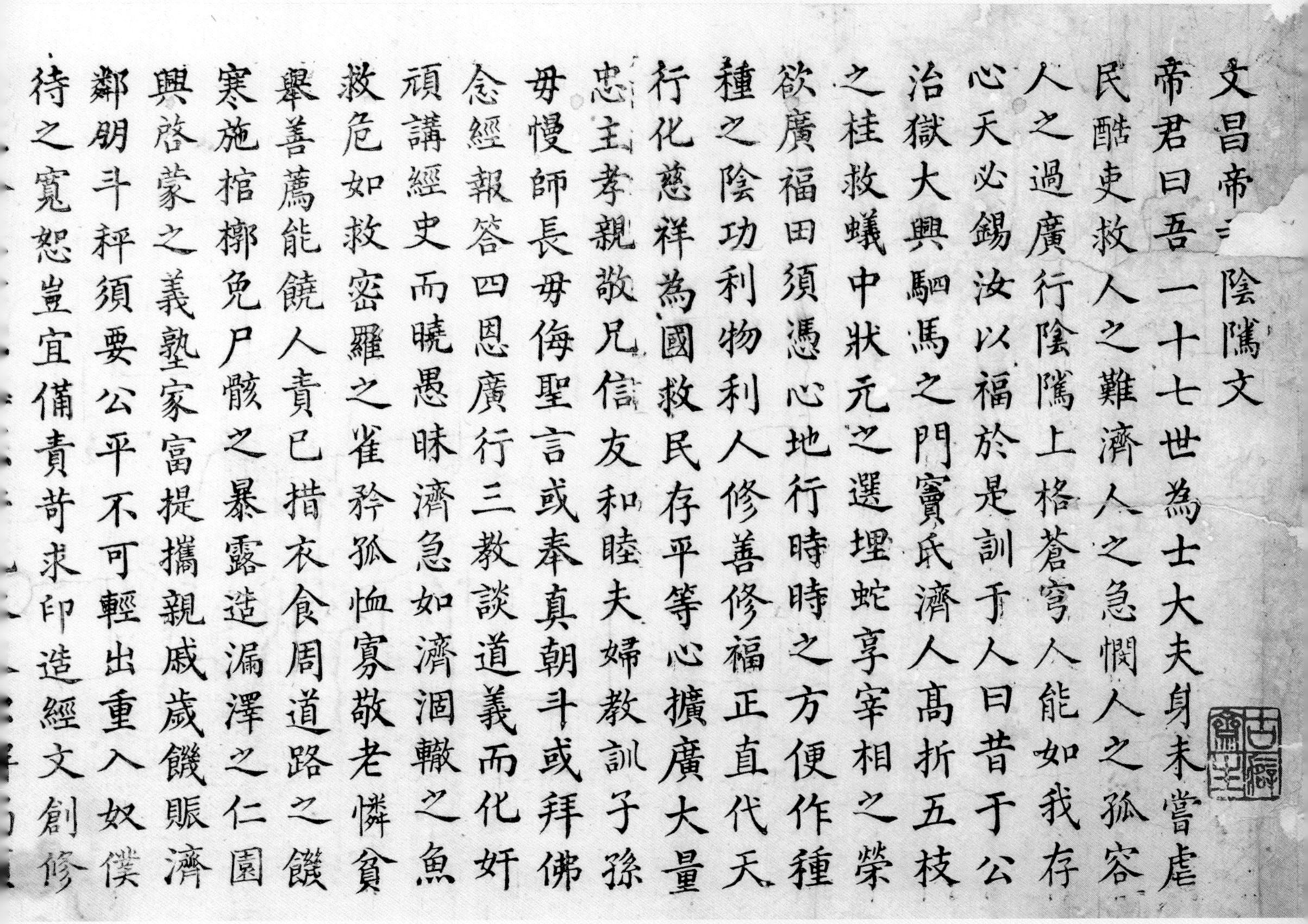
文昌帝[illegible]陰隲文

帝君曰吾一十七世為士大夫身未嘗虐民酷吏救人之難濟人之急憫人之孤容人之過廣行陰隲上格蒼穹人能如我存心天必錫汝以福於是訓于人曰昔于公治獄大興駟馬之門竇氏濟人高折五枝之桂救蟻中狀元之選埋蛇享宰相之榮欲廣福田須憑心地行時時之方便作種種之陰功利物利人修善修福正直代天行化慈祥為國救民存平等心擴廣大量忠主孝親敬兄信友和睦夫婦教訓子孫毋慢師長毋侮聖言或奉真朝斗或拜佛念經報答四恩廣行三教談道義而化奸頑講經史而曉愚昧濟急如濟涸轍之魚救危如救密羅之雀矜孤恤寡敬老憐貧舉善薦能饒人責己措衣食周道路之饑寒施棺槨免尸骸之暴露造漏澤之仁園興啓蒙之義塾家富提攜親戚歲饑賑濟鄰朋斗秤須要公平不可輕出重入奴僕待之寬恕豈宜備責苛求印造經文創修

《文昌帝君圣训》

刻本

17.8cm×11.6cm，高0.4cm

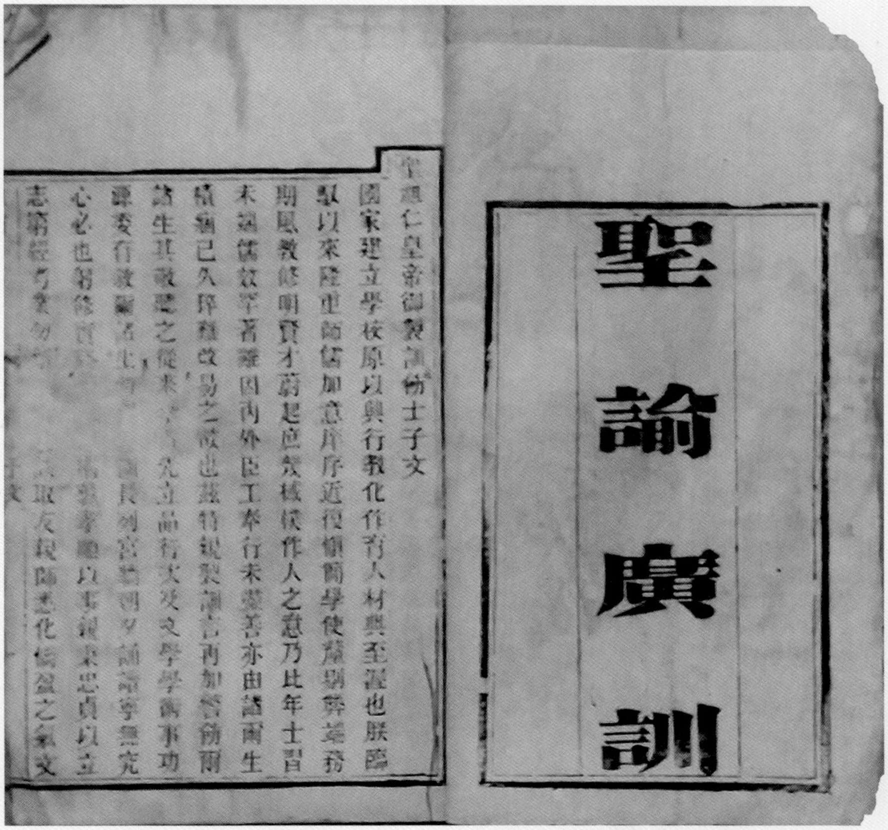

《圣谕广训》

清·刻本

27.3cm×16.5cm，高0.6cm

紫阳书院

清・拓本

62×325cm

学风鼎盛　彦硕辈出

“书院”一词最早出现于唐朝，最初为皇家藏书、校书之所。随后，私人隐居研习，或聚生徒讲学、训育子弟读书之所，也名为书院或精舍之类。北宋之际，重文轻武，各类书院迅速发展。

徽州素有“程朱阙里，东南邹鲁”之誉。明《徽州府志》载：“天下书院最盛者，无过东林、江右、关中、徽州。”徽州书院文化历史悠久，从明朝中叶到清朝中叶一直兴盛不衰，形成了文风昌盛、贤人辈出的文化胜景，人文郁起，为海内之望。徽州书院遍布城乡，扎根民间，风化社会，在徽人科举进学、学术研究、修身立德、乡村治理、商业发展等方面发挥了极为重要的作用。

遍布城乡的官办与民办书院，为徽州人聚众讲学、自由研讨、传播思想、交流学术等，提供了良好的平台，造就了朱熹、程大昌、程逢午、胡一桂、陈栎、郑玉、朱升、赵汸、倪士毅、江永、戴震、凌廷堪、汪宗沂等一大批知名教育家和学术大家，也培养了一代又一代文可安邦、武可定国的经天纬地之才。

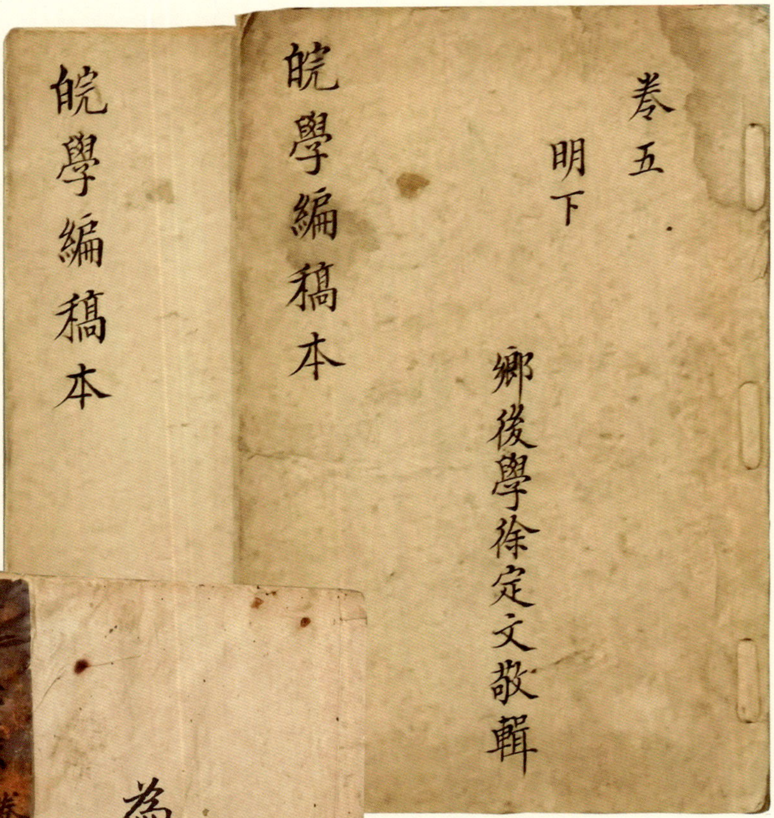

《皖学编稿本》

清・徐定文手稿

20.4cm×13cm，高 1.7cm×2

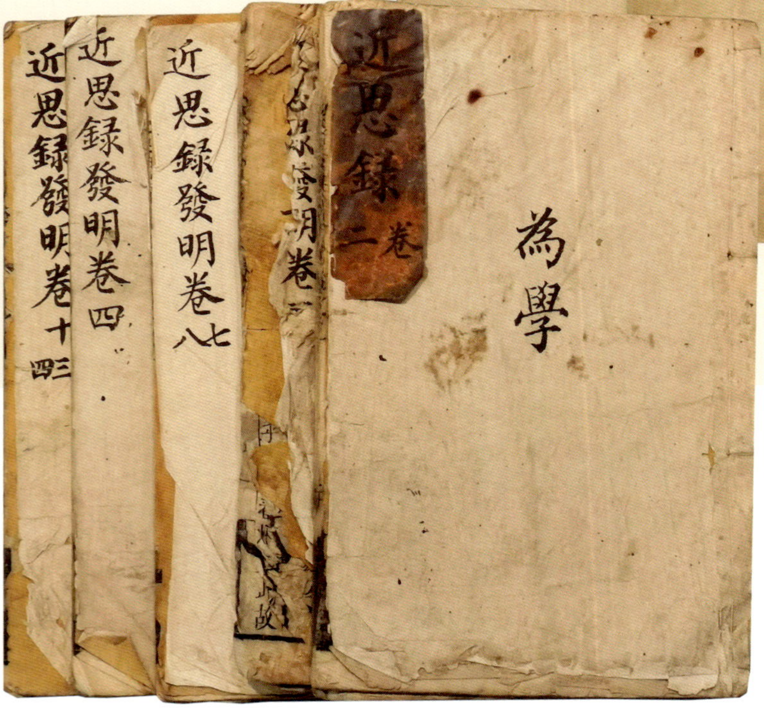

《近思录发明》

清・休宁名儒施璜编著

25cm×16cm，高 3.2cm×5

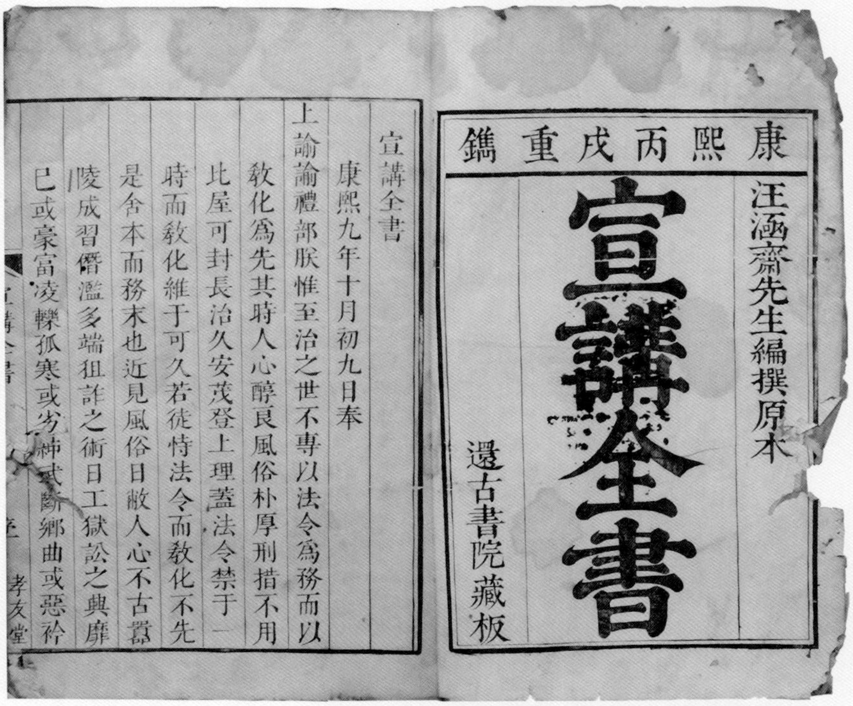

《宣讲全书》

清·汪涵斋编撰

康熙四十五年（1706）重刻本

还古书院藏版

25cm×16.5cm，高 0.7cm

休宁县还古书院

始建于明万历二十年（1592），位于休宁县万安古城岩，是陆王心学在徽州的中心。万历至崇祯年间，王派学者多次在此举行盛大讲学会，每次会期 10 天，听众曾多达千人。徽州府属县学、书院皆兼祀朱子及其父韦斋，唯还古书院独祀孔子。直到清康熙三十一年（1692）始兼祀朱子。还古书院至咸丰五年（1855）被毁，历时 263 年。

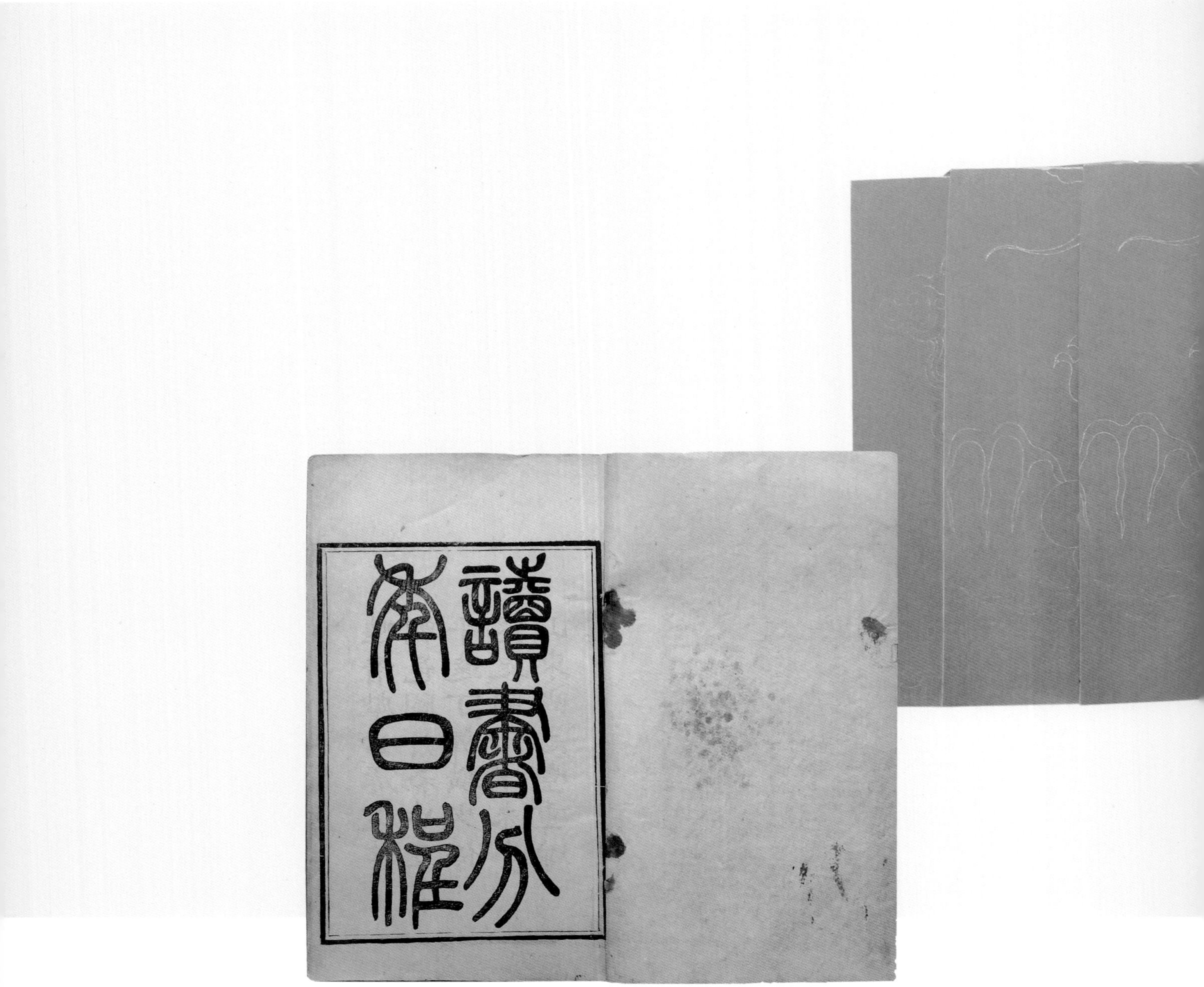

《程氏家塾读书分年日程》

清・光绪三年（1877）刻本

26.5cm×17cm，高 1.5cm

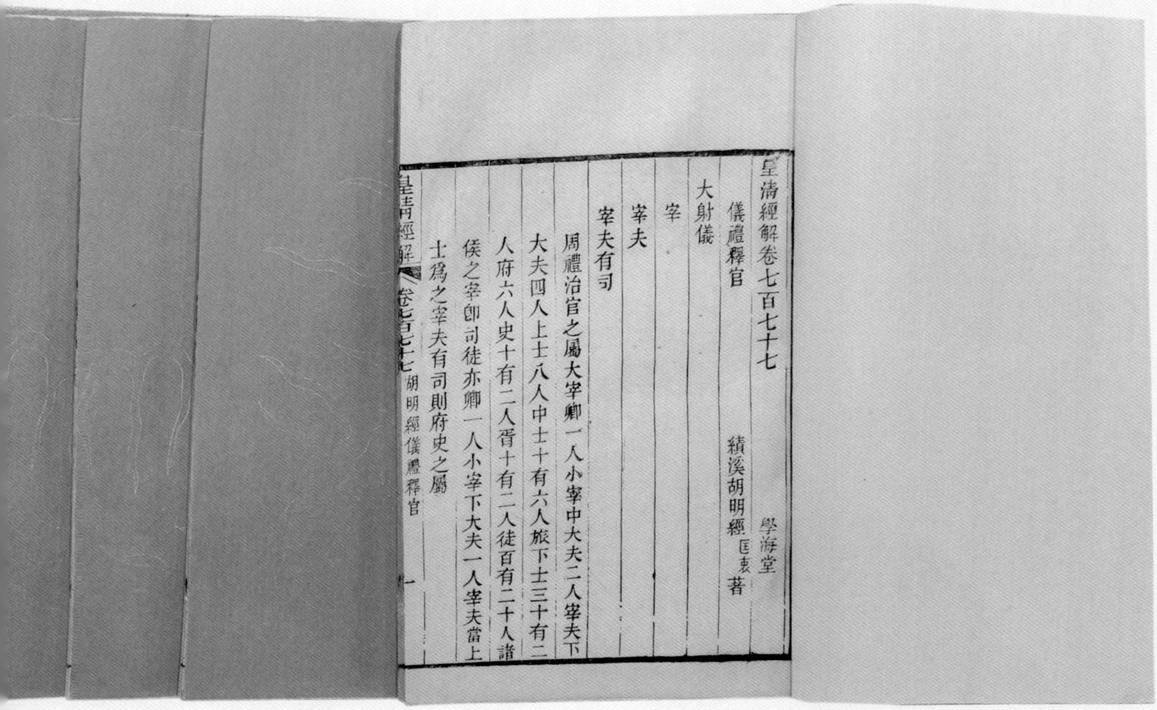

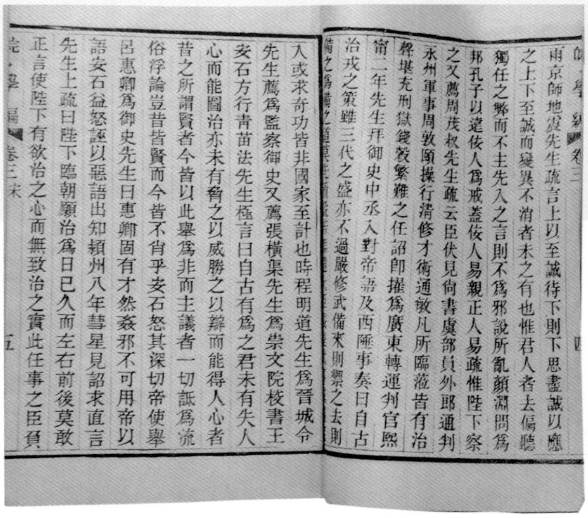

《仪礼释官》

清・绩溪名儒胡匡衷著

道光学海堂原版初刻本

25.5cm×15.5cm，高 5.5cm×8

《皖学编》

清・徐定文著

光绪刻本

26cm×15.8cm，高 1.6cm

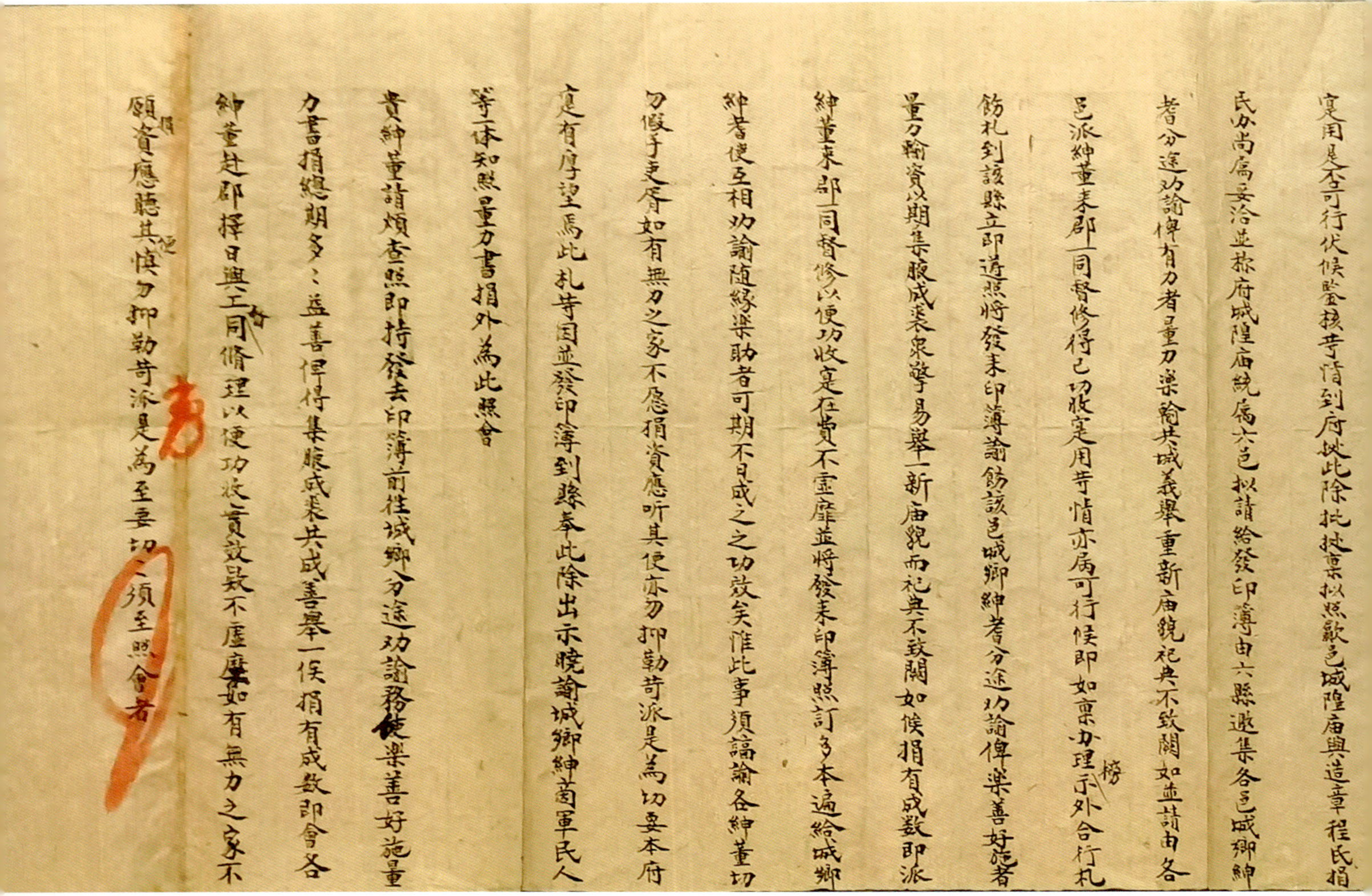

寔因是否可行伏候鑒核等情到府據此除批據稟擬照歙邑城隍廟興造章程氏捐
民办尚屬妥洽並擬府城隍廟統屬六邑擬請給發印簿由六縣邀集各邑城鄉紳
耆分途劝諭俾有力者量力樂輸共成義舉重新廟貌祀典不致闕如並請由各
邑派紳董來郡一同督修得已劝收定用等情亦屬可行候即如稟办理示外合行札
飭札到該縣立即遵照將發來印簿諭飭該邑城鄉紳耆分途劝諭俾樂善好施者
量力輸資以期集腋成裘衆擎易舉一新廟貌而祀典不致闕如俟捐有成數即派
紳董來郡一同督修以便劝收定在賞不虛靡並將發來印簿照訂多本遍給城鄉
紳耆使互相劝諭隨緣樂助者可期不日成之之劝效矣惟此事須諄諭各紳董切
勿假手吏胥如有無力之家不愿捐資應听其便亦勿抑勒苛派是為切要本府
寔有厚望焉此札等因並發印簿到縣奉此除出示曉諭城鄉紳商軍民人
等一体知照量力書捐外為此照會
貴紳董請煩查照即持發去印簿前往城鄉分途劝諭務使樂善好施量
力書捐總期多多益善俾得集腋成裘共成善舉一俟捐有成數即會各
紳董赴郡擇日興工同脩理以便劝收實效款不虛靡如有無力之家不
願資應聽其便勿抑勒苛派是為至要切切須至照會者

徽州府歙县正堂为修城隍庙事致绅董王树泽等人照会

清・光绪十年（1884）

115.5cm×24cm

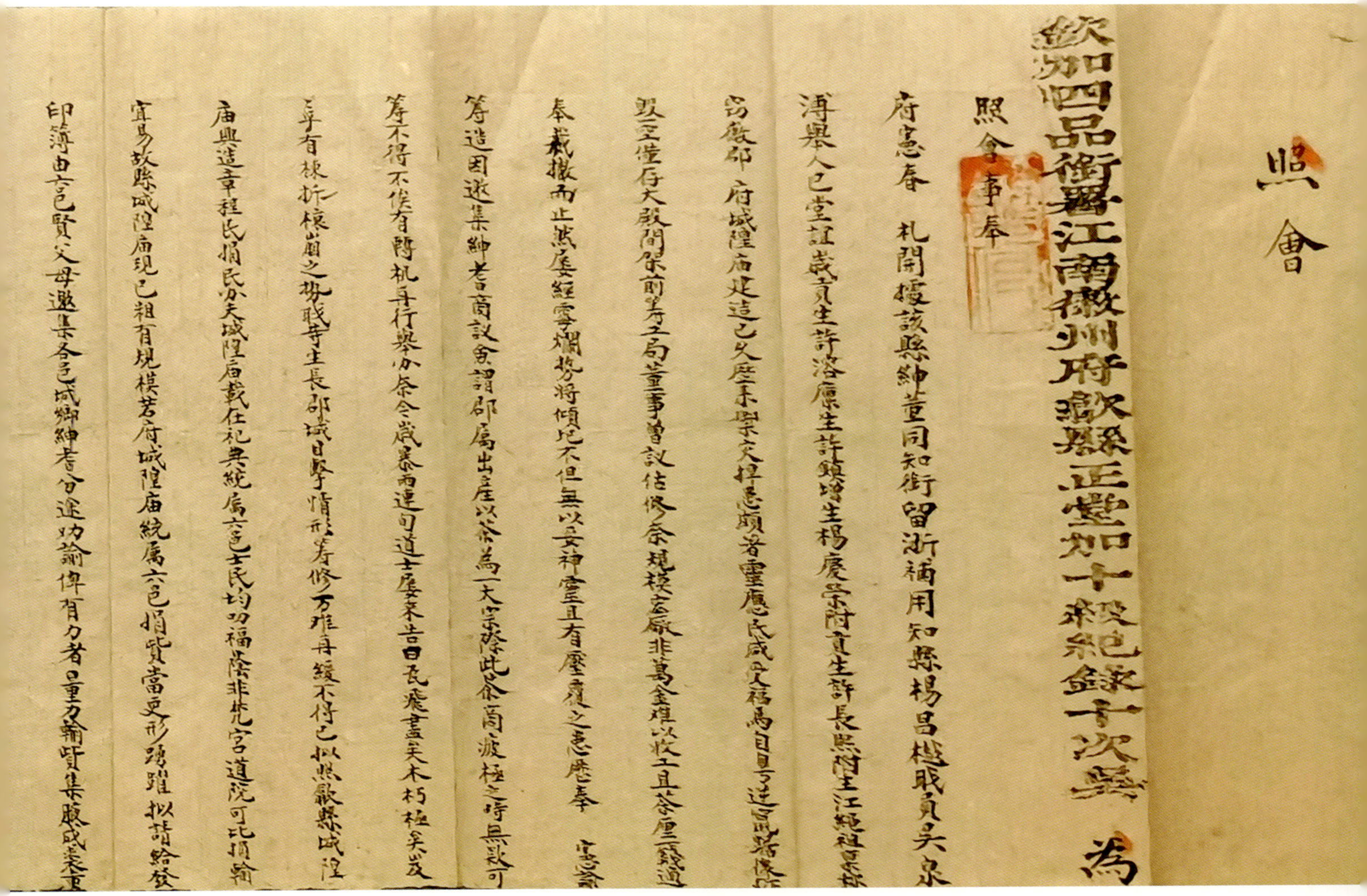

照會

欽加四品銜署江南徽州府歙縣正堂加十級紀錄十次吳 為

照會事奉

府憲春 札開據該縣紳董同知銜留浙補用知縣楊昌楷職員吳泉[illegible]

溥舉人已堂試歲貢生許洛廉生許鎮增生楊慶宗附貢生許長熙附生江純祖[illegible]

毀之堂僅存大殿間架前曾立局董事曾議估修奈規模宏敞非萬金難以蕆工且茶釐一款適[illegible]

奉裁撤而止然屢經雪壓將頃圮不但無以妥神靈且有壓覆之患應奉 憲[illegible]

籌造因遂集紳耆商議僉謂郡屬出產以茶為一大宗際此茶商凝極之時無款可

籌不得不俟有轉机再行舉办奈今歲春雨連旬道士屢來告曰瓦瓴盡矣木朽極矣岌

岌乎有棟折榱崩之勢職等生長郡城目擊情形籌修萬難再緩不得已擬照歙縣城隍

廟興造章程民捐民办夫城隍廟載在祀典統屬六邑士民均叨福蔭非比宮道院可比捐輸

宜易故歙縣城隍廟現已粗有規模若府城隍廟統屬六邑捐貲當更形踴躍 擬請給發

印簿由六邑賢父母邀集各邑城鄉紳耆分途功諭俾有力者量力輸貲集腋成裘更[illegible]

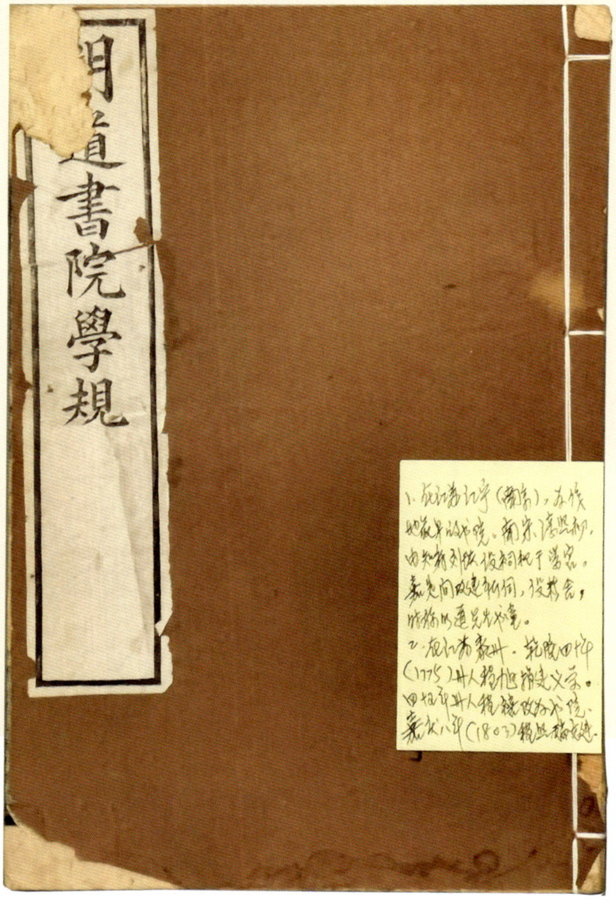

《明道书院学规》

清·刻本

14.9cm×23.5cm，高 0.2cm

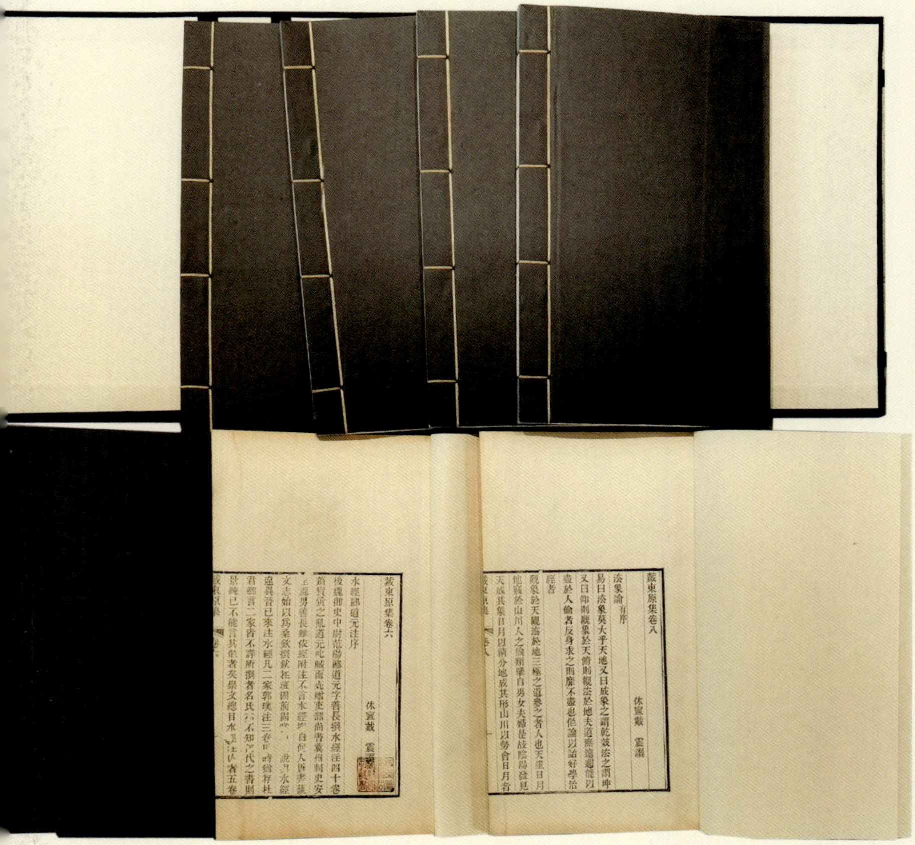

《戴东原集》

清・戴震

清刻本

28cm×18cm，高 5.5cm+5.8cm

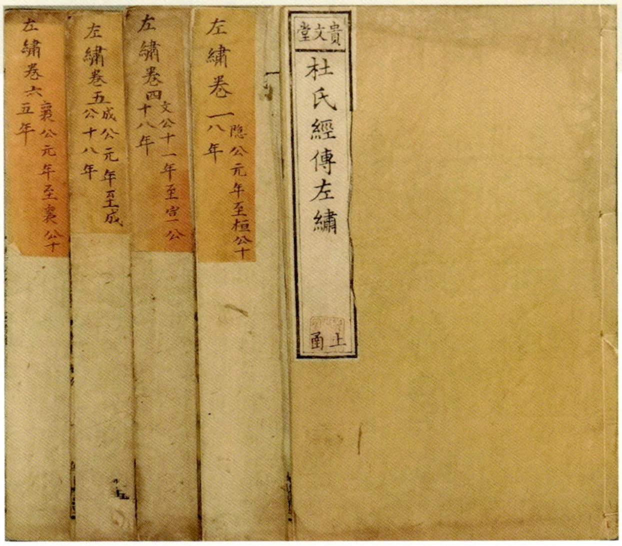

《杜氏经传左绣》原本

清・嘉庆十六年（1811）重镌

崇义书院藏版

26cm×16.3cm，高 3.4cm×5

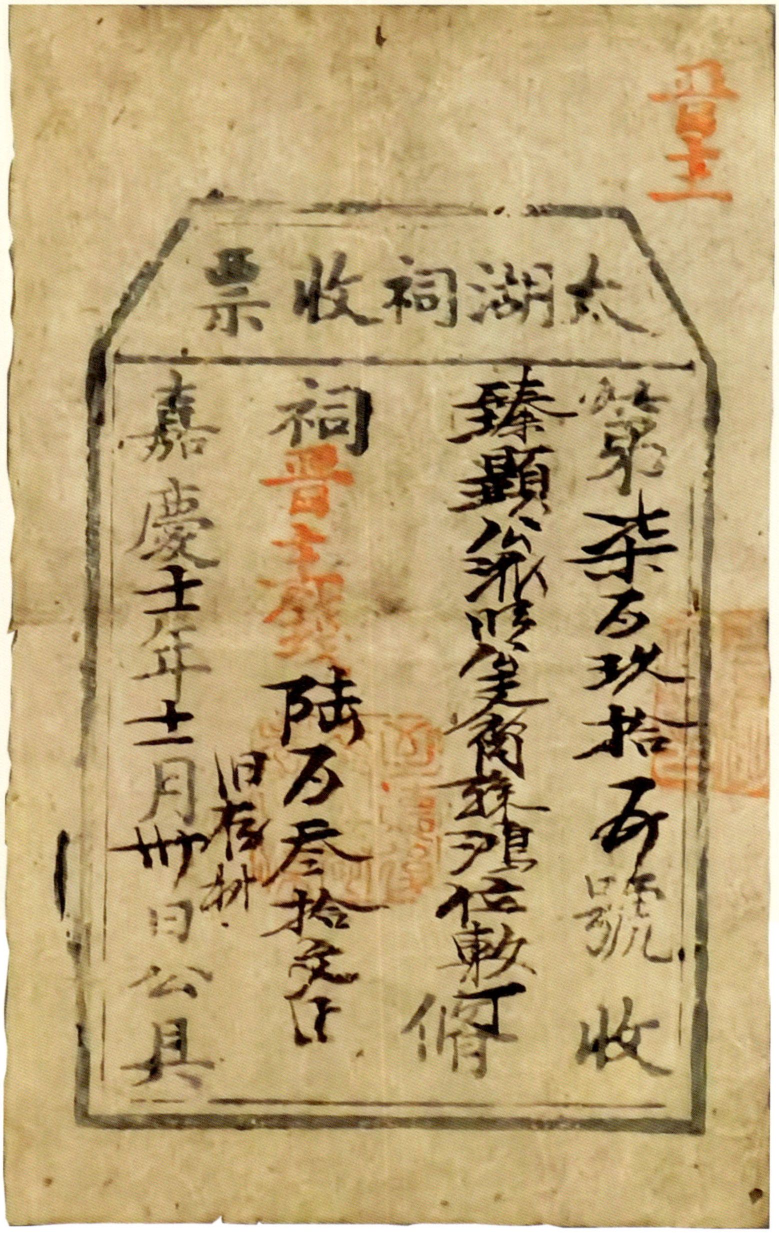

歙县太湖祠收票

清・嘉庆十一年（1806）

11cm×18.2cm

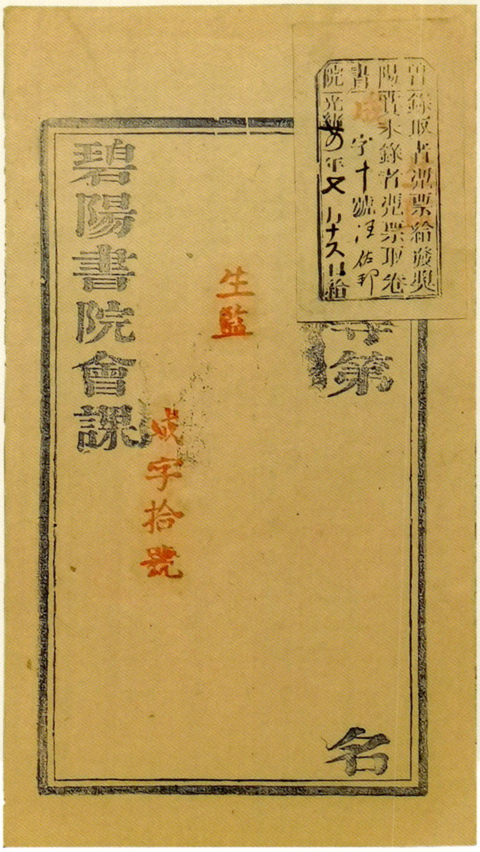

碧阳书院课卷

15cm×27cm

黟县碧阳书院

创立于明嘉靖四十二年（1563），基于城南儒学原址扩建而成，因地处碧山之阳，名碧阳书院。明朝天启时毁塌，崇祯时修复。清乾隆时，撤书院，儒学复移城南。清嘉庆十三年（1808），知县吴甸华复建碧阳书院于迎霭门外，有朱子殿、崇教祠、书斋祠等祠宇、讲堂、书舍共 110 余间。

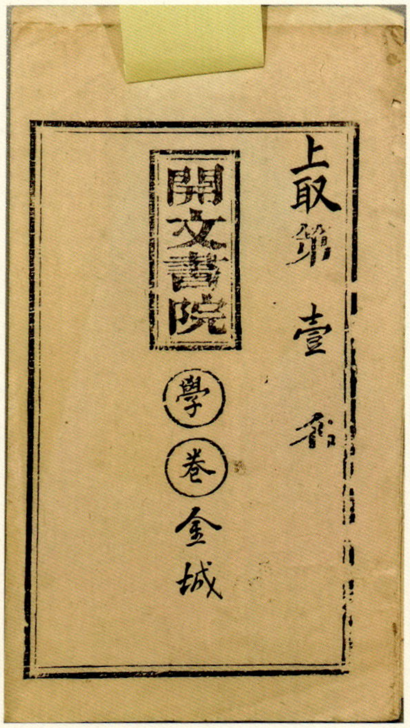

开文书院课卷

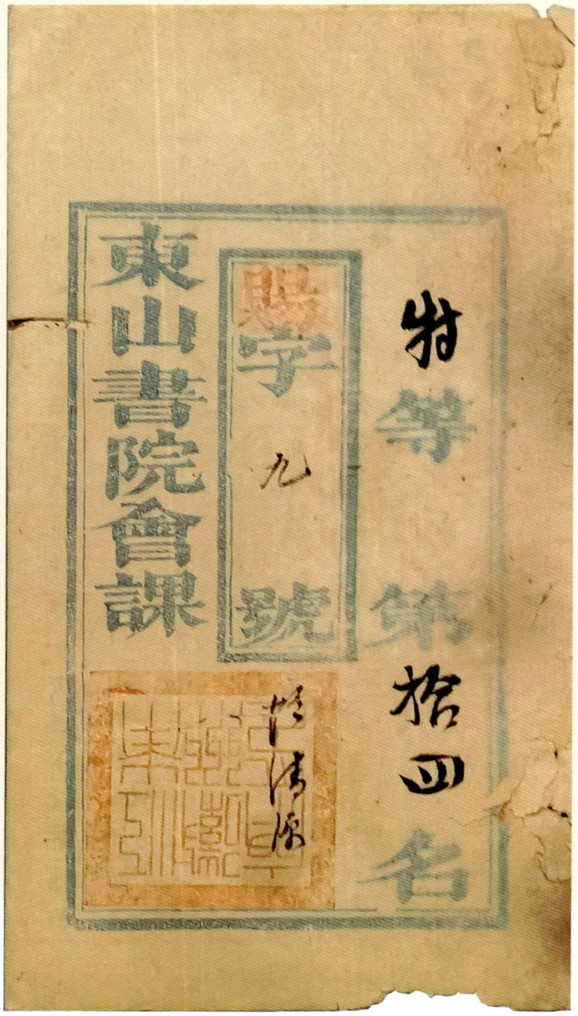

东山书院课卷

15.5cm×27.5cm

祁门东山书院

地处祁门城东眉山，明正德末，郡守留志淑与知县洪晰建，嘉靖九年（1530）知县陈光华重建，更名“环谷书院”。万历四十四年（1616），知县陈翀奎重建，仍名东山书院。

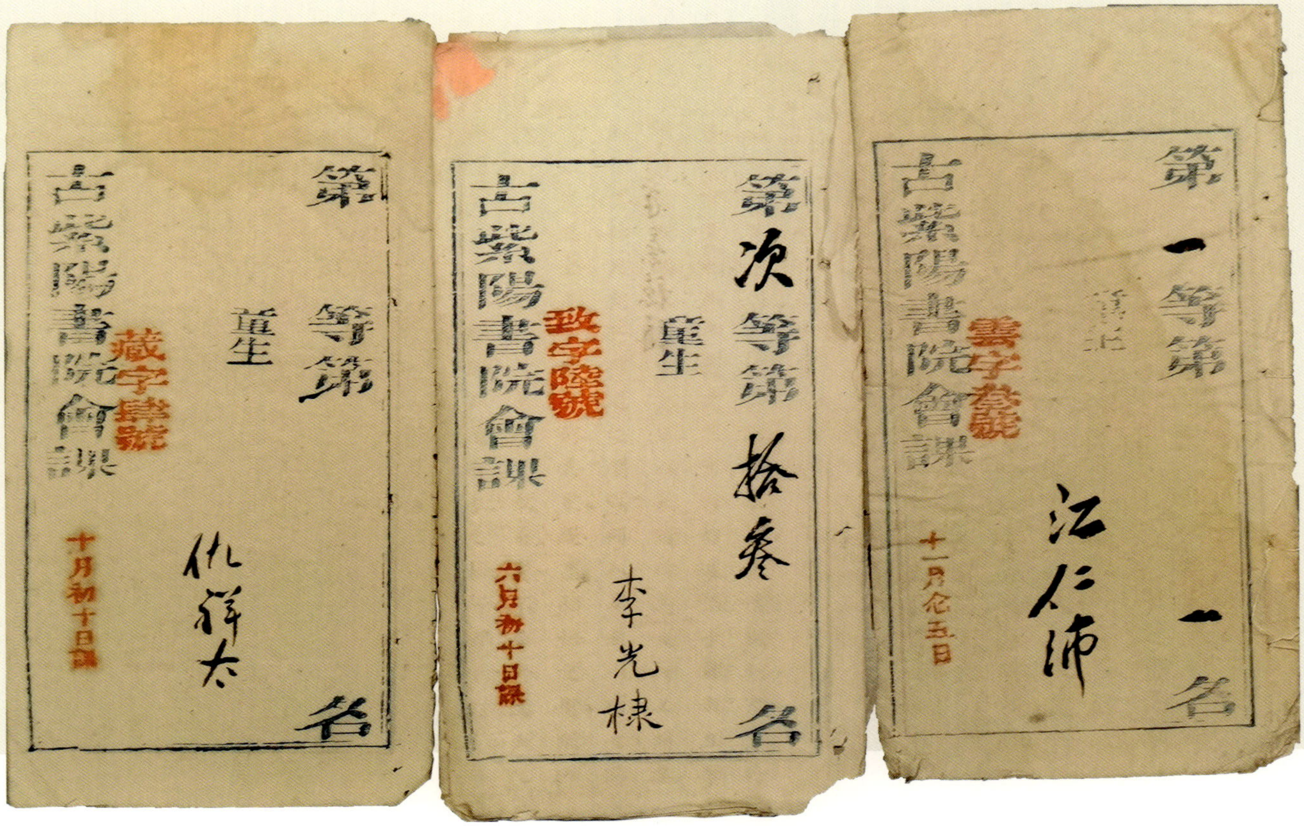

古紫阳书院课卷

13.5cm×26.5cm×3

歙县古紫阳书院

徽州州府书院，乾隆五十五年（1790），由歙县人曹文埴、鲍志道等于歙县县学后朱文公祠内修建。光绪三十三年（1907），紫阳师范学堂设于此处。

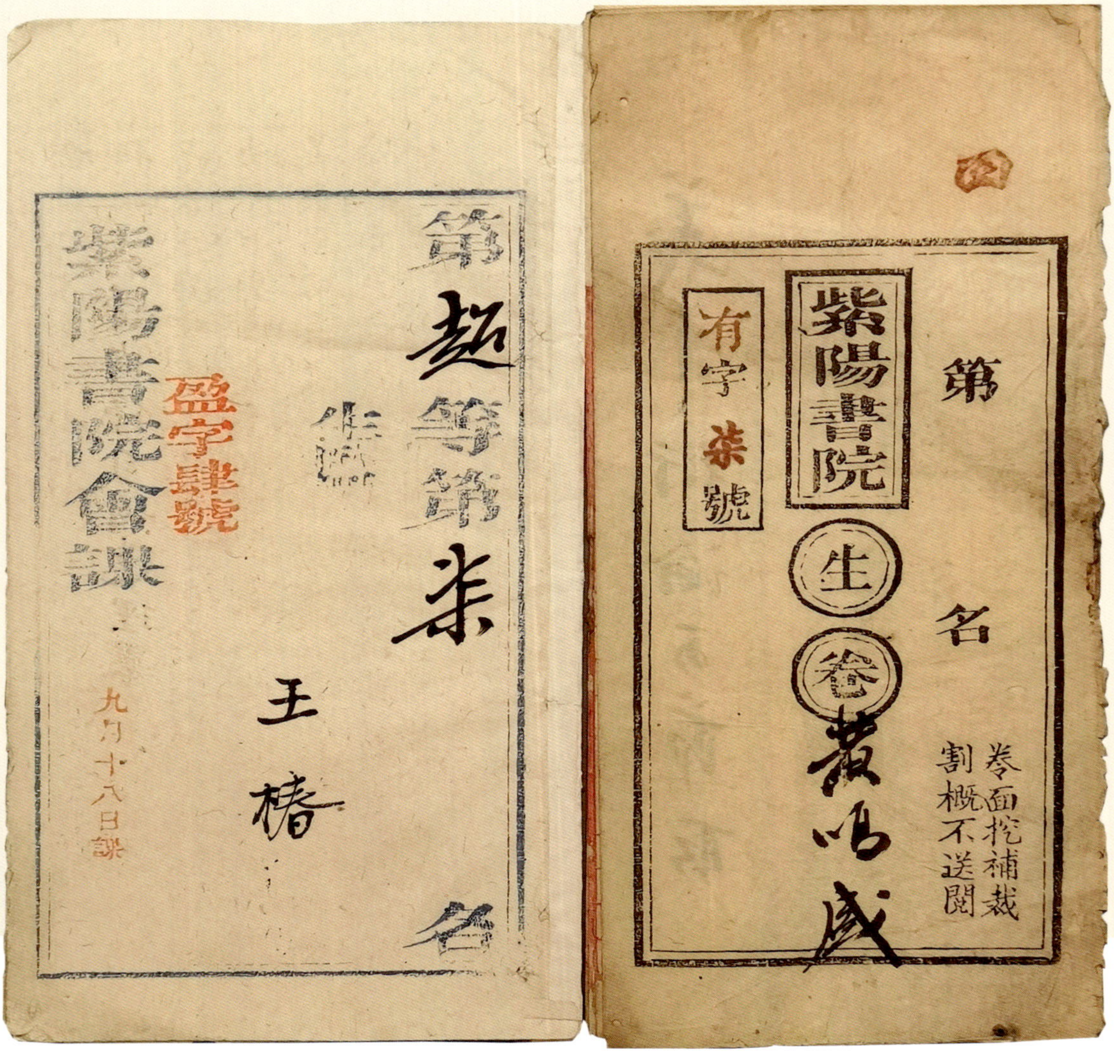

紫阳书院课卷

13.5cm×26.5cm/12cm×26.5cm

歙县紫阳（山）书院

始建于南宋淳祐六年（1246），初建在徽州南门外紫阳山麓，元代至元年间迁于徽州南门内。

书院考试印 （木质）

6.5cm×22.5cm

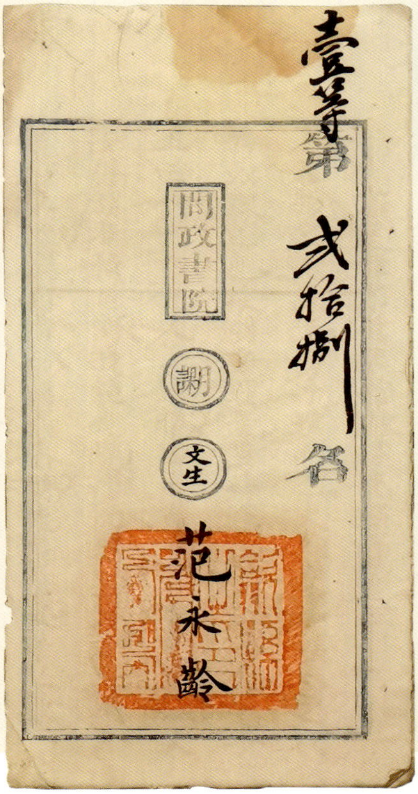

问政书院课卷

14cm×29.5cm

书院科考印 （木质）

8cm×4cm×11.2cm

歙县问政书院

歙县县属书院，原无定所。清乾隆三十五年（1770），附贡生程光国捐出自家在问政山南麓的房舍十余间作校舍，知县张佩芳因此名之为“问政书院”。

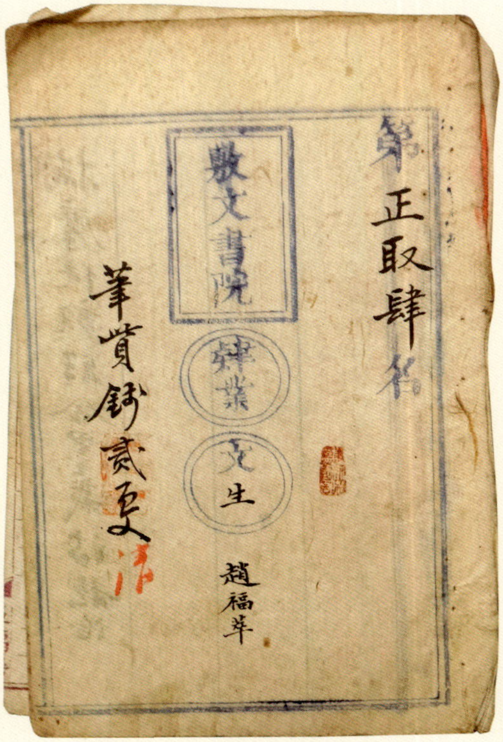

敷文书院课卷

14.5cm×24.5cm

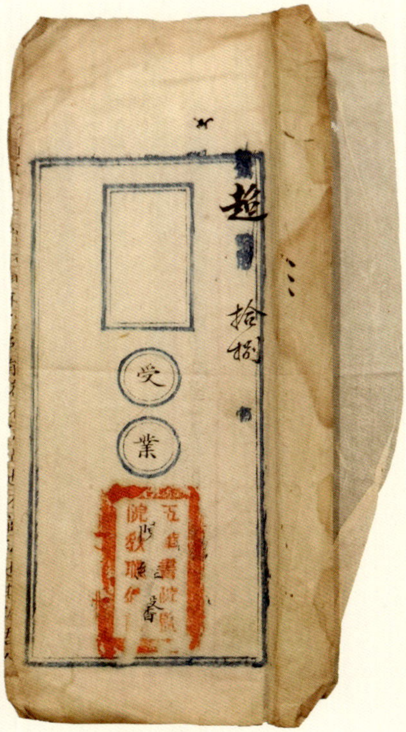

五华书院课卷

14cm×31cm

敷文书院

即浙江杭州敷文书院，又名万松书院，始建于唐贞元年间（785—804），名报恩寺。明弘治十一年（1498），浙江右参政周木改辟为万松书院，理学家王阳明曾在此讲学。清康熙帝为书院题写“浙水敷文”匾额，遂改为敷文书院。该遗址现存有题“万世师表”四字的牌坊和依稀可见“至圣先师孔子像”碑文的石碑等。

五华书院

开创于明嘉靖三年（1524），是云南省创办较早的书院，也是层次最高、影响最大的一所书院，创始人是云南巡抚王启，院址设在昆明五华山麓北，故而得名。清雍正九年（1731），云贵总督鄂尔泰又对五华书院进行大规模的扩建，他还捐赠图书万余卷，亲自制定书院章程和课本。五华书院在鄂尔泰的大力扶持下，成为一所遐迩闻名的大书院，培育出钱沣、唐文灼、王肇增、方学周、何钟泰、何傅岩、吴桐、方玉润、戴孙、杨国翰、池生春、李于阳、戴淳等著名学者。

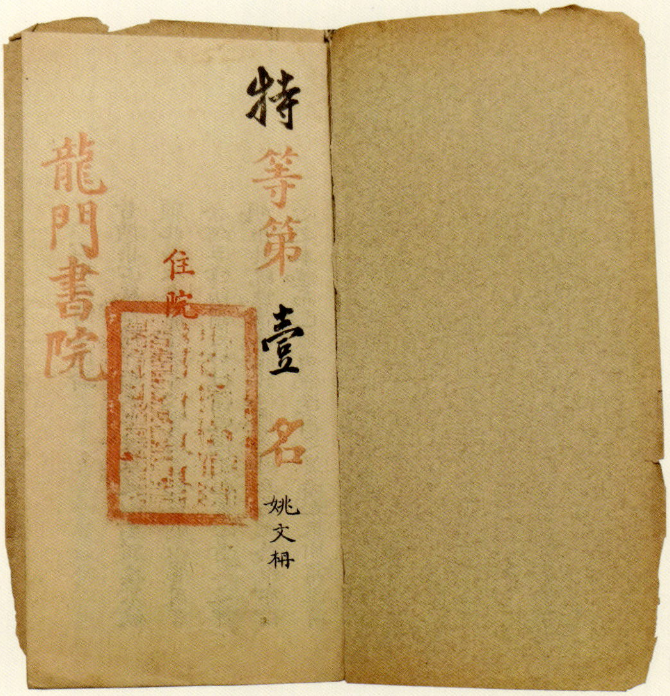

龙门书院课卷

15.5cm×27cm

演文书院藏书印（木质）

6cm×3cm×9cm

龙门书院

是上海中学的前身，由道台丁日昌于清同治四年（1865）在上海倡办，最初借用其他学堂进行教学。1867 年，在吾园建成讲堂、楼廊及学舍 41 间，1876 年增建校舍 10 间。1905 年，清政府废除科举制度后，书院改为苏松太道立龙门师范学校，增建楼房 31 幢，并将原二十二铺小学堂改为附属小学堂，供师范生实习用。民国元年（1912）改名为江苏省立第二师范学校，1927 年成为江苏省立上海中学。

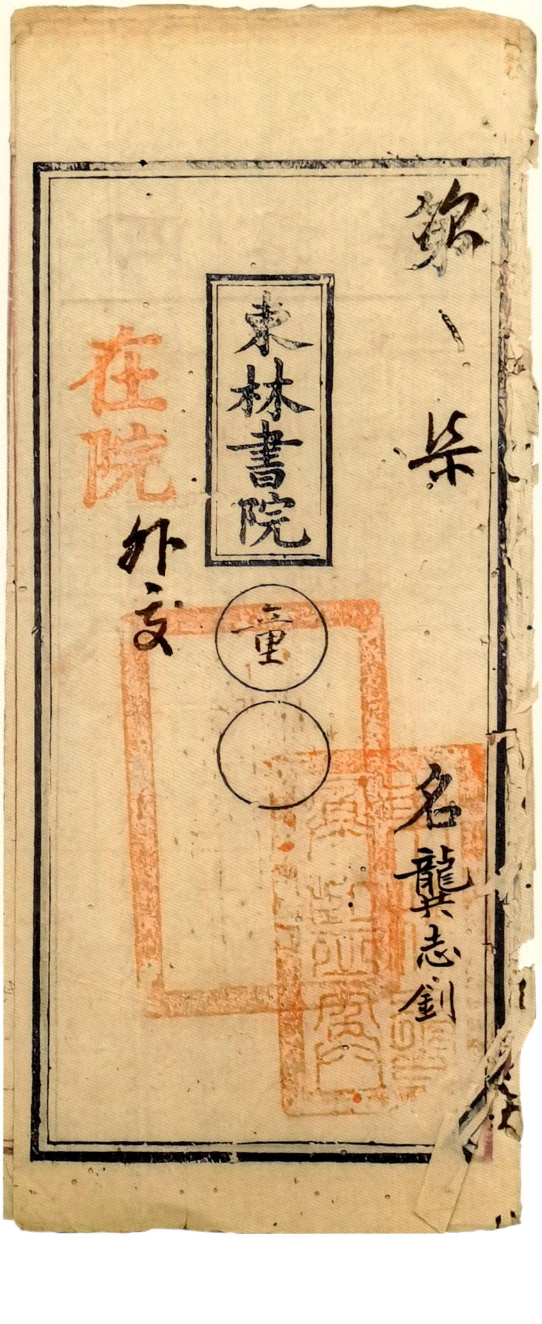

东林书院课卷

10.7cm×25.2cm

东林书院

位于江苏省无锡市解放东路 867 号，亦名龟山书院，是我国古代著名书院之一。东林书院创建于北宋政和元年（1111），是北宋理学家程颢、程颐嫡传高足、知名学者杨时长期讲学的地方，后废。

明万历三十二年（1604），由东林学者顾宪成等人重行修复并在此聚众讲学，他们倡导“读书、讲学、爱国”的精神，引起全国学者广泛响应，一时声名大著。东林书院成为江南地区人文荟萃之地和重要的政事舆论中心。

陕甘味经书院课卷

15.5cm×28cm

味经书院

清同治十二年（1873），由陕甘学政许振祎奏请设立。当地士绅吴建勋捐地，陕西绅商共同捐资修建，包含味经堂、清白池、时敏斋、日新斋、大雅扶轮门等建筑，之后几经扩建，又建成藏书楼、刊书处、时务斋等，以满足生徒肄业、刊印书籍之需。因其规模宏大，讲授课程又以经世济民的实学为主，吸引了众多学子慕名而来，与宏道书院、关中书院、崇实书院并称清末关中四大书院。

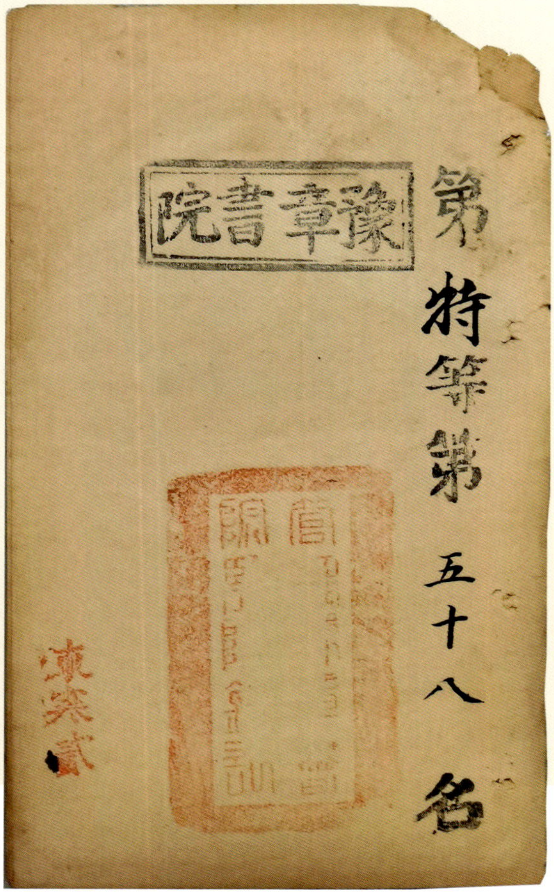

豫章书院课卷

13.5cm×23.5cm

豫章书院

是古代江西四大书院之一，原址位于江西省南昌市东书院街，现为南昌市第十八中学所在地。古豫章书院创于南唐升元二年（938），距今已有 1000 余年，为江西四大书院之首。南宋时期成为当时理学家们传播程朱之学的基地，先后以理学祠、孝廉堂、书院等形式出现。明朝初年书院处于沉寂状态，至嘉靖年间才得以恢复发展。明万历三年（1575），首辅张居正禁书院，豫章书院停办，被迫卖田充边需。清代豫章书院为江西省城书院，是江西学术思想传播、人才培养的著名官学机构。由于清康熙、雍正、乾隆三位皇帝的重视，豫章书院由此成为闻名遐迩的大型书院。

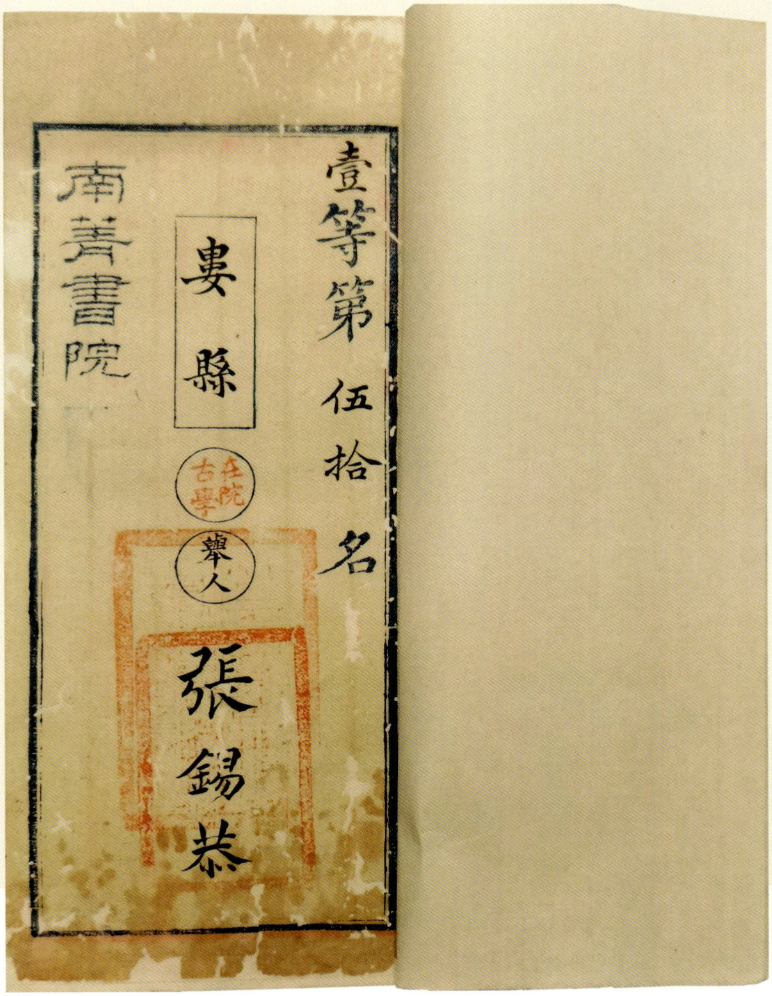

南菁书院课卷

13.5cm×31cm

南菁书院

南菁书院位于江苏江阴县，光绪八年（1882）由江苏学政黄体芳所建。清兵部尚书、两江总督左宗棠奏拨长江水师京口游击、协镇两署故址及白银二万两协办，书院命名取朱熹名言“南方之学，得其菁华”之意。学生学习经史辞章，兼习天文、算学等。刊有《皇清经解续编》一千四百三十卷及《南菁丛书》《南菁札记》等书籍文献，废科举后改为南菁学校（南菁高中）。

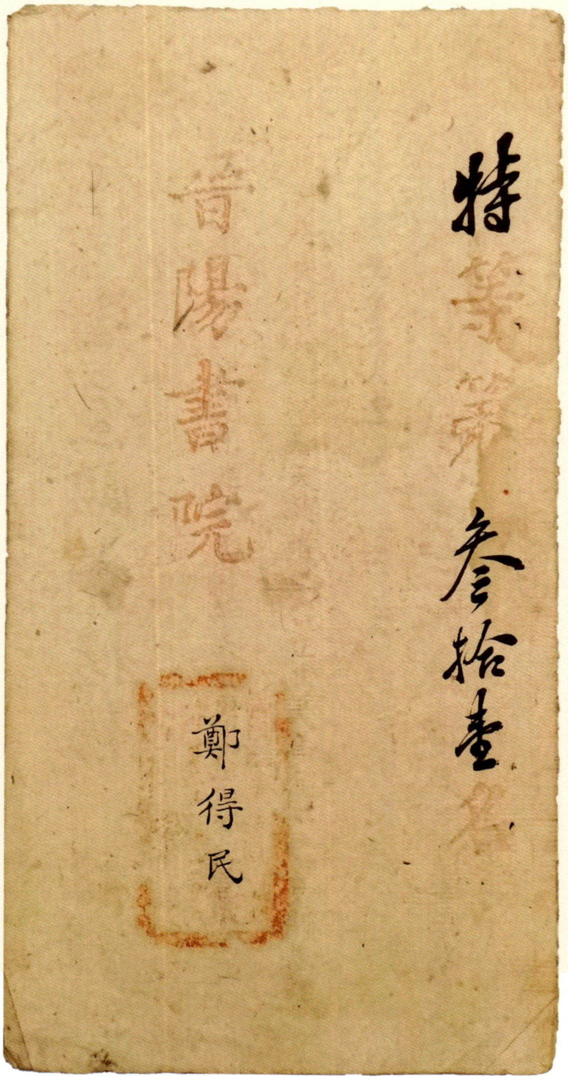

晋阳书院课卷

14.5cm×28.5cm

晋阳书院

明嘉靖九年（1530），晋阳（今太原市）首开河汾书院，万历二十一年（1593）改称三立书院。清雍正十一年（1733）改名晋阳书院。1902年初，山西巡抚岑春煊遵朝廷谕旨，将晋阳书院与令德堂合并，改设为省会学堂——“山西大学堂”。由此，山西大学堂成为一所中西一体的新式学堂，与京师大学堂（今北京大学）、北洋大学堂（今天津大学）并立为中国最早的三所现代大学。

敬业书院课卷

15.5cm×27cm

敬业书院

敬业书院初名申江书院，原址在今上海老城隍庙潘恩旧宅。其旧宅主堂“世春堂”至今犹存。清乾隆十三年（1748），由按察使翁藻改建为申江书院，作为举贡生员月课、文会之所。乾隆三十五年（1770），巡道杨魁等予以重修，改名敬业书院（取“敬业乐群”之意）。书院以使县中读书子弟研究举业，并旁及其他实用学术为宗旨，由官方延聘山长任指导，按时授课，发放津贴，成为沪上书院制度的开端。同治元年（1862），书院迁至聚奎街旧学宫。同治十年（1871）起，上海每年两届县试均在此书院举行。1902 年—1905 年为官立敬业学堂、小学堂，1929 年改为上海特别市立敬业中学，两年后又改为上海市立敬业中学。

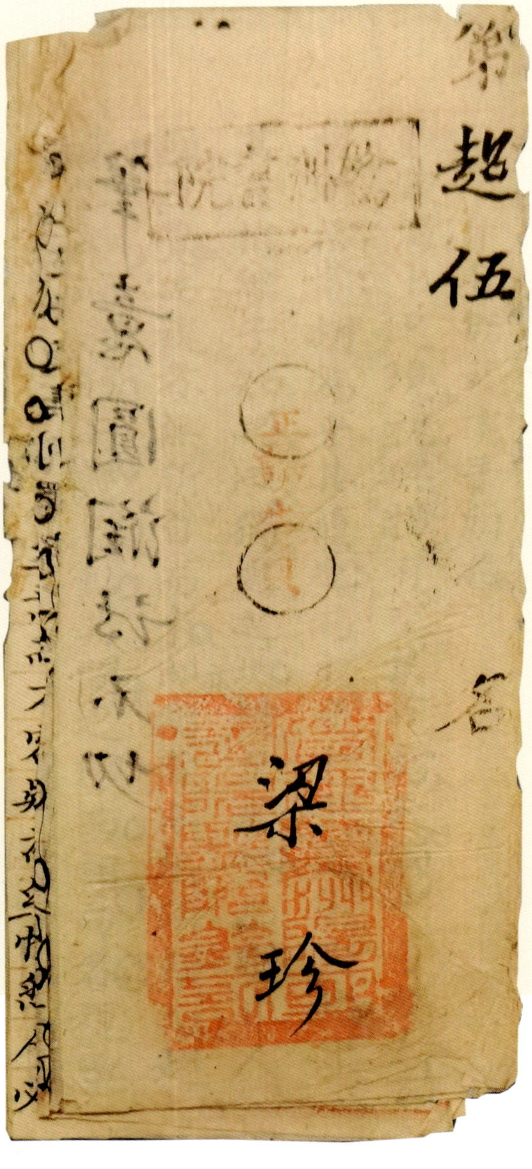

白鹭洲书院课卷

12cm×26cm

白鹭洲书院

白鹭洲方圆数十里，因形似白鹭而得名。书院建于南宋淳祐元年（1241），吉州太守江万里为曾来此讲学的程大中、邵雍、周敦颐、张载、程颐、朱熹等儒学大师立祠而建。宋理宗御赐“白鹭洲书院”五字，与庐山白鹿洞书院、铅山鹅湖书院、南昌豫章书院并称江西四大书院。该书院培养造就了文天祥、刘辰翁、邓光荐等著名人物。书院兼为县学，经历代修葺扩大，古迹犹存。书院主楼风月楼高三层，雕梁画栋，雄伟壮观。

蕊珠书院课卷

15.3cm×27cm

蕊珠书院

在今上海凝和路原蕊珠宫（即也是园）内。清道光八年（1828）署巡道陈銮甄选敬业书院诸生 36 人月课于此，取 18 人为登瀛（优等生），居上舍。院有魁星阁、太乙莲舟、方壶一角诸胜境。咸丰十一年（1861）院驻西兵，毁损大半。光绪三十一年（1905）停止课试，改办师范传习，民国初年停办。

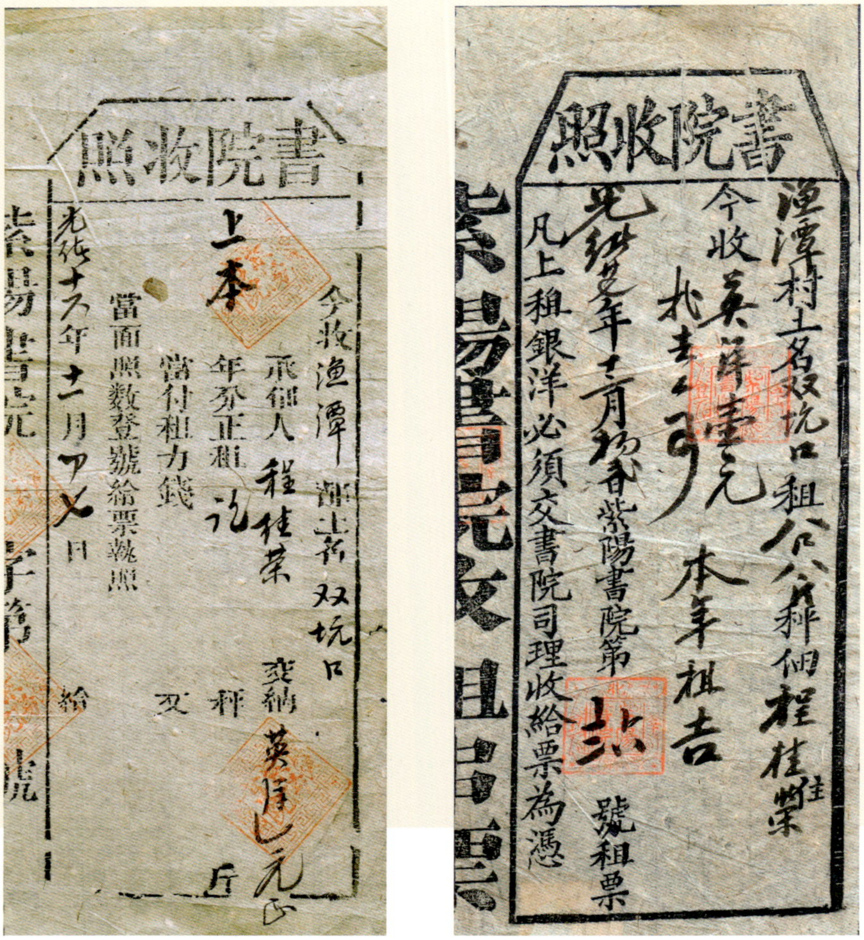

紫阳书院收照

15.3cm×27cm

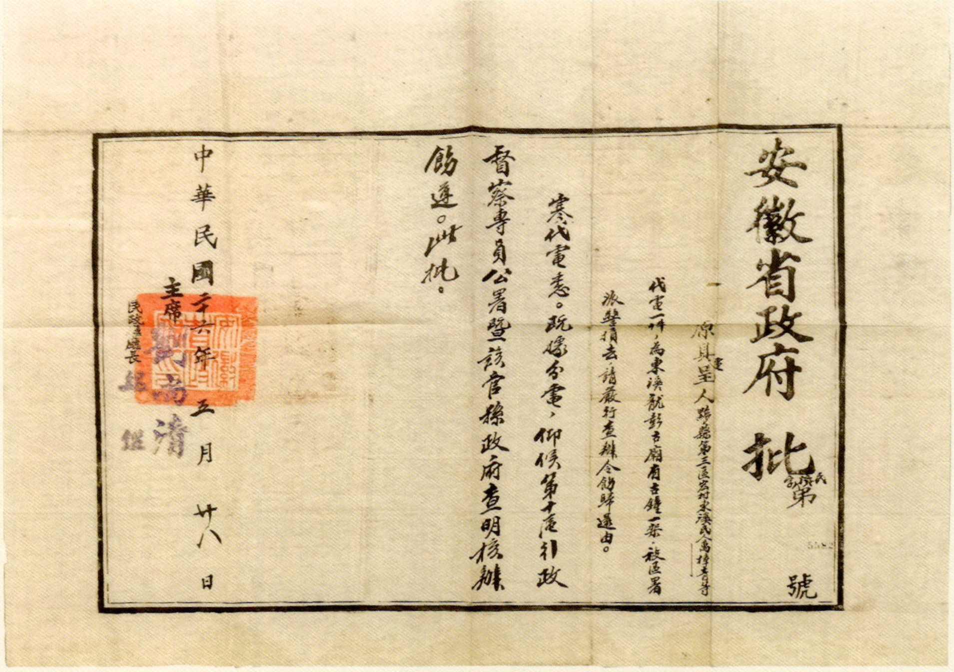

安徽省政府 批 第 5582 號

一 原具呈人黟縣第三區東溪民人[illegible]代電一件，為東溪龍彭古廟有古鐘一架，被區署派警扛去，請嚴行查辦，令飭歸還由。

寒代電悉。既據分電，仰候第十區行政督察專員公署暨該管縣政府查明核辦飭遵。此批。

中華民國二十六年五月廿八日

主席 劉尚清

民政廳廳長 [illegible]

安徽省政府文书

民国二十六年（1937）

57cm×44cm

（黟县东溪龙彭古庙有古钟一架被区署派警扛去，请严行查办，令饬归还由。）

回忆丰溪一水，到处皆仙境，遥遥不能至，兹写小帧，以志欣羡而已。

——黄宾虹《致鲍君白信》

去年因工作之便，回到阔别六十余年的故乡——休宁。时间尽管短暂，但给我留下非常美好的印象。据介绍，休宁文物古迹不少，我未及一一参观，只是攀登了童年就听说的齐云山。它是全国道教四大名山之一，果然景色诱人。如能使之与黄山、九华山、太平湖蔚成“三山夹一湖”的格局，必将为整个皖南旅游倍增妖娆。我登齐云山那天不巧下雨，未能饱览它的全貌，至今憾之。

——孙起孟《抒乡恋》

家，我并不是没有。安徽太平岭下有一座老屋，四周风景，分得相离不远的黄山的雄奇秀丽，隐居最为相宜。

——苏雪林《家》

去延安也是从屯溪走的，这一走四十多年没有再回屯溪，但它那清幽明丽的风光、古朴宏伟的石桥、繁华熙攘的老街，却和我童年、少年时代的往事融成一片，给我逐渐淡去的记忆罩上了一层亲切、温馨的轻纱，又化作缕缕乡思，不时牵动着我的眷恋之情。

——吴象《忆屯溪》

贰

儒家学术 远播世界

孔子创立的儒学发轫于春秋时期，历经几千年的发展与传播，
对东亚文化圈各国思想领域的发展产生了深远的影响。
儒家思想不仅在精神层面濡养了个人道德，
同时也是人们立身处世的行为准则；
在社会层面则深刻影响一国的政治、文化、法律制度和社会伦理。
儒家学说不仅对东亚的朝鲜、越南、日本等国产生重大影响，
还在亚洲其他国家如新加坡、马来西亚等国传播，
其蕴含的重视家庭、敬老尊贤、注重教育、崇尚和谐的思想观念对多个地区产生了历史性的影响。
在这些国家，儒家思想与当地文化融合，形成了独特的社会伦理观。
随着全球化的发展，国际学术交流日益频繁，儒家学说已在全球范围内产生影响。
许多西方大学设立了汉学和东亚研究课程，
这种跨文化的交流和学习也为全球伦理及文化多样性的阐释提供了新视角。

教旨

同治五年四

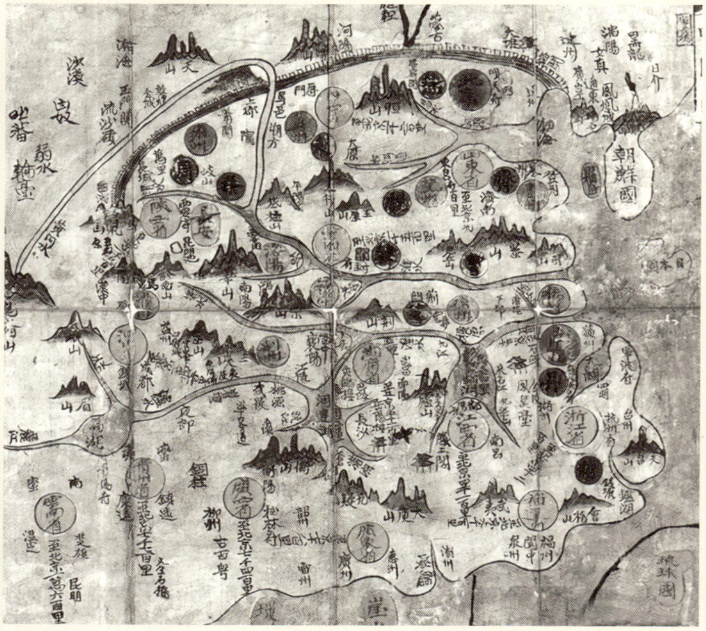
朝鮮國
琉球國

海东中华 国有成均

儒家学说自公元前 3 世纪开始传入朝鲜半岛。到朝鲜李氏王朝时期，儒家学说成为官方意识形态和统治哲学。

朝鲜儒学的精神与其历史有密切的关联。连绵不断的士祸，对朝鲜儒者的精神意志产生了重大的影响，儒者组成的士林派要求改革，主张社会正义，与代表贵族官僚特权利益的勋旧派产生冲突。这些著名儒者不仅激发了朝鲜人抗争、不妥协的精神，也逐渐造就了朝鲜儒学的“道义”精神。这种精神的形成，还与朝鲜历史上常常受到外族入侵有关。在国难中，不少朝鲜儒者以身殉国，表现出了强烈的忠义和爱国精神，使得强调“义理”“忠义”成为近世朝鲜儒学的基调。

李氏王朝尊奉孔子，通过科举考试选拔官员，发布圣旨确定儒家思想为官方意识形态，逐渐促成儒家思想在朝鲜社会深入人心。

此外，在户籍、货币、出版等领域，朝鲜对宗主国制度也几乎全盘吸收。儒家文化对朝鲜影响深远。

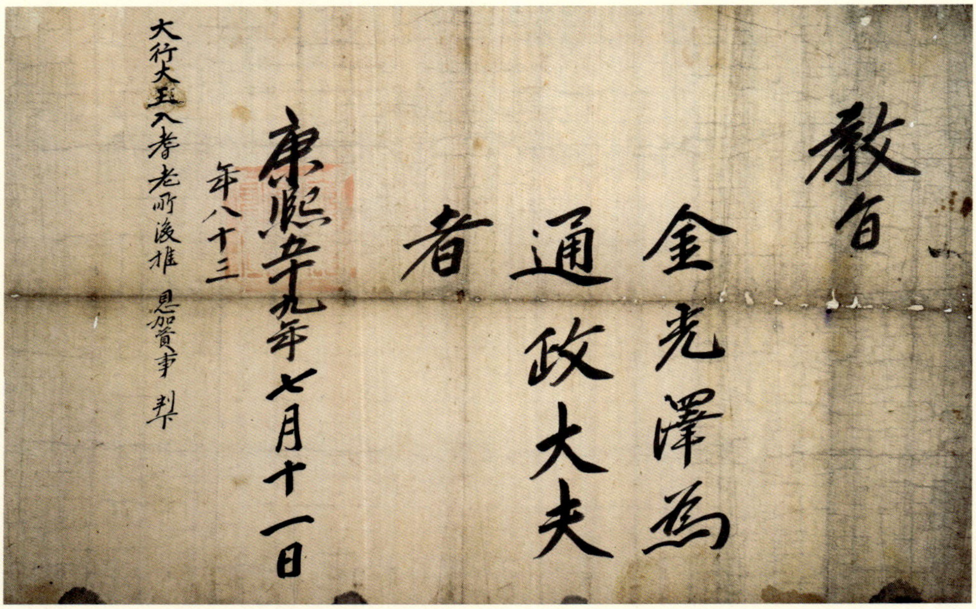
教旨

金光澤為

通政大夫

者

康熙五十九年七月十一日

年八十三

大行大王入耆老所後推恩加資事判

教旨：金光泽为通政大夫者

清・康熙五十九年（1720）

79.5cm×58cm

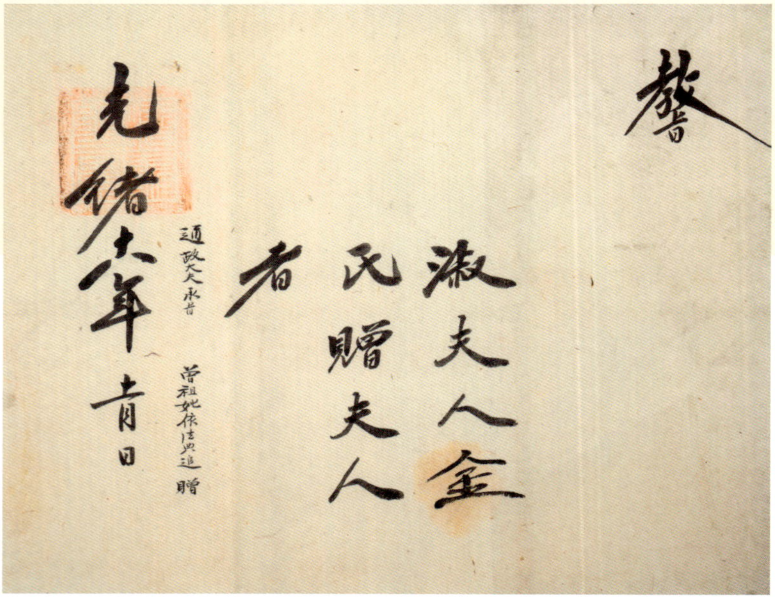
教旨

淑夫人金

氏贈夫人

者

光緒十八年 月 日

教旨：淑夫人金氏赠夫人者

清・光绪十八年（1892）

79.5cm×58cm

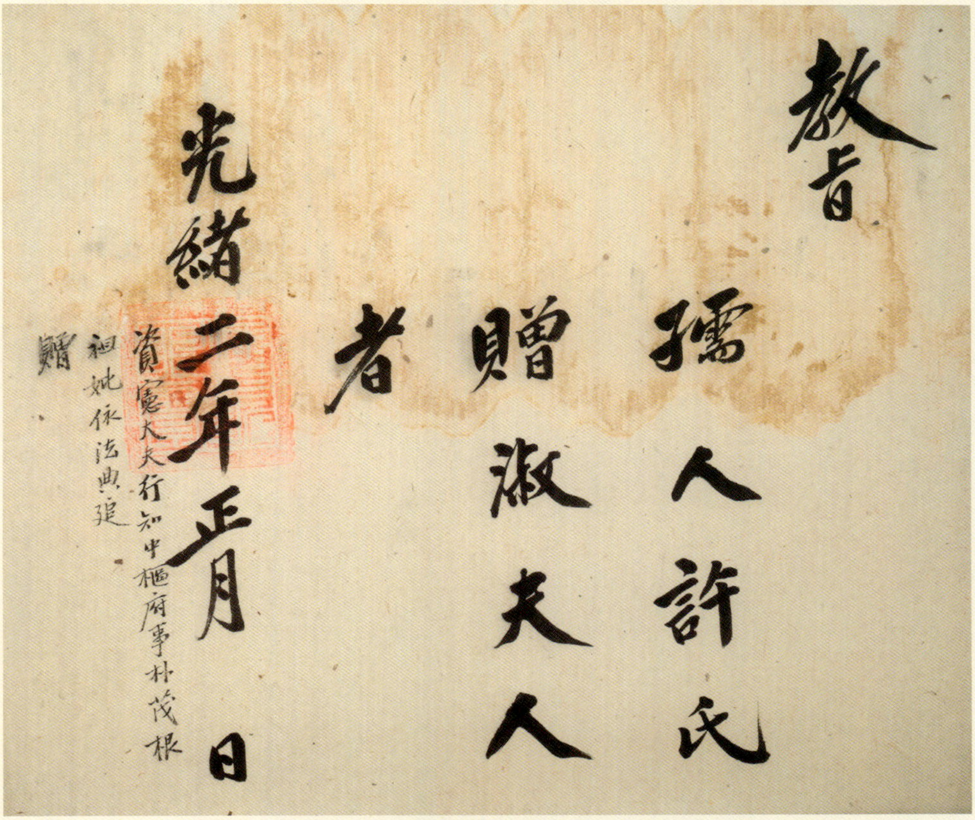
教旨
孺人許氏
贈淑夫人
者
光緒二年正月 日
資憲大夫行知中樞府事朴茂根
祖妣依法典追
贈

教旨：孺人许氏赠淑夫人者

清・光绪二年（1876）

79.5cm×58cm

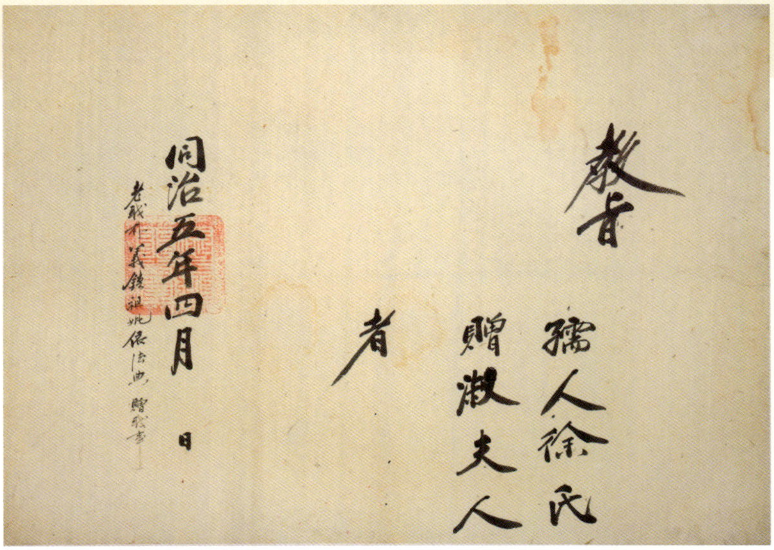
教旨
孺人徐氏
贈淑夫人
者
同治五年四月 日

教旨：孺人徐氏赠淑夫人者

清・同治五年（1866）

79.5cm×58cm

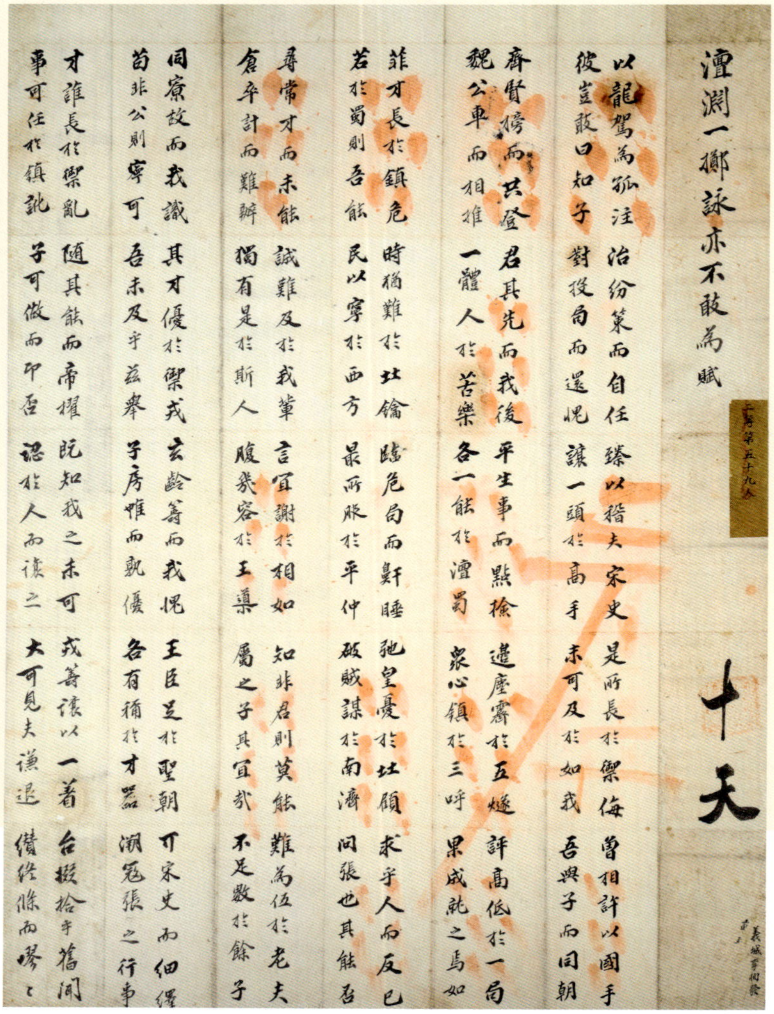

诗赋御考卷

92cm×128.5cm

诗赋御考卷（8 平尺）

92cm×131cm

御考

二等第三十八

幼學房極相年四十二本南陽居南原
父幼學 濬駉

菊花開時即重陽詩

杏酪桃餻皆上巳 王句散吏蘇東坡 好是一年三百六
桂糖糯餅是端陽 勝遊令節其心長 盡日觴詠假文章
九月九日重陽是 西晉太尉龍山席 謫愁莫暢杜之鄉
中華氣節元有常 盛唐學士藍田庄 是時木落霜風凉
地暖南方晏氣候 試看疎籬湖上村 誰謂寒天秋冬交
十月臺仙鶴桃柳 一叢黃金菊有芳 與我相期佳限良
此日可爲我重九 老圃花深睡晩節 昨日賞秋今日又
龍茶細斟朝雲娘 長樽酒熟泛清香 老去風韻頗清狂
江南杜若人詠鵩 我家嘉節多追懷 盛事豈一詩曲江
井上梧桐誰識凰 赤楓老株寒蒼〻 勝會無數樓南昌
却從勝地送歲月 素霜東籬想淵明 西到又近樽中酒
老籬青賞周尚羊 白月五相意常邪 壽重更邑皆有貴

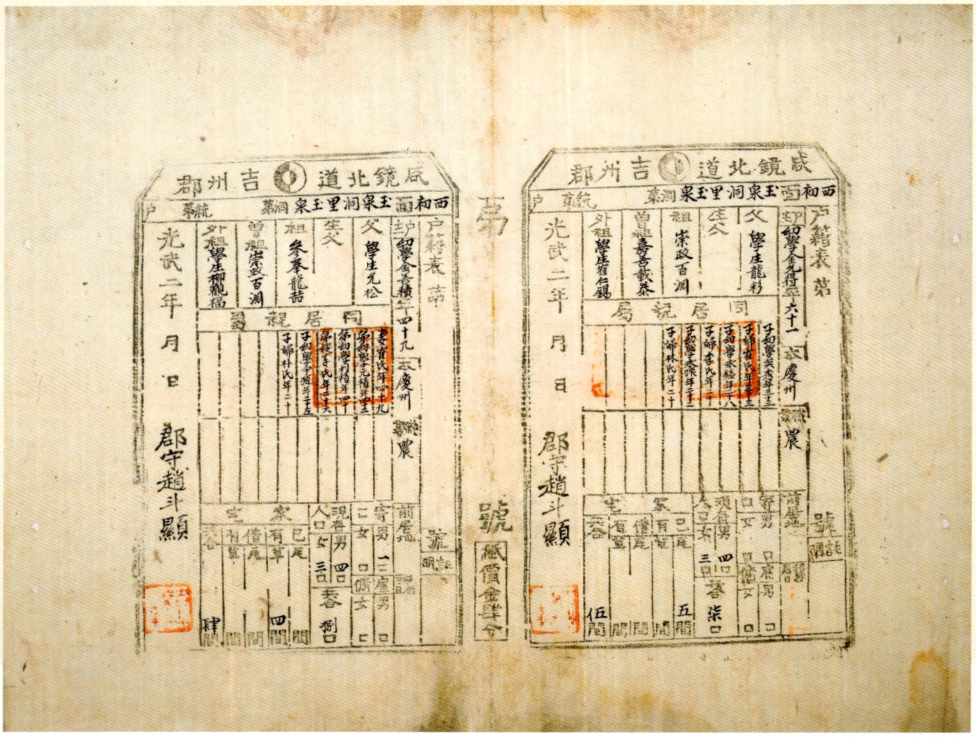

李氏王朝晚期朝鲜户籍表

52cm×42cm

《中庸章句大全》

清中期朝鲜內府刻本

20.8cm×32.5cm，高 2cm

《古欢堂集》收第三卷附补遗

朝鲜姜玮（1829—1884）撰

朝鲜活字本

15.2cm×25.2cm，高 1cm

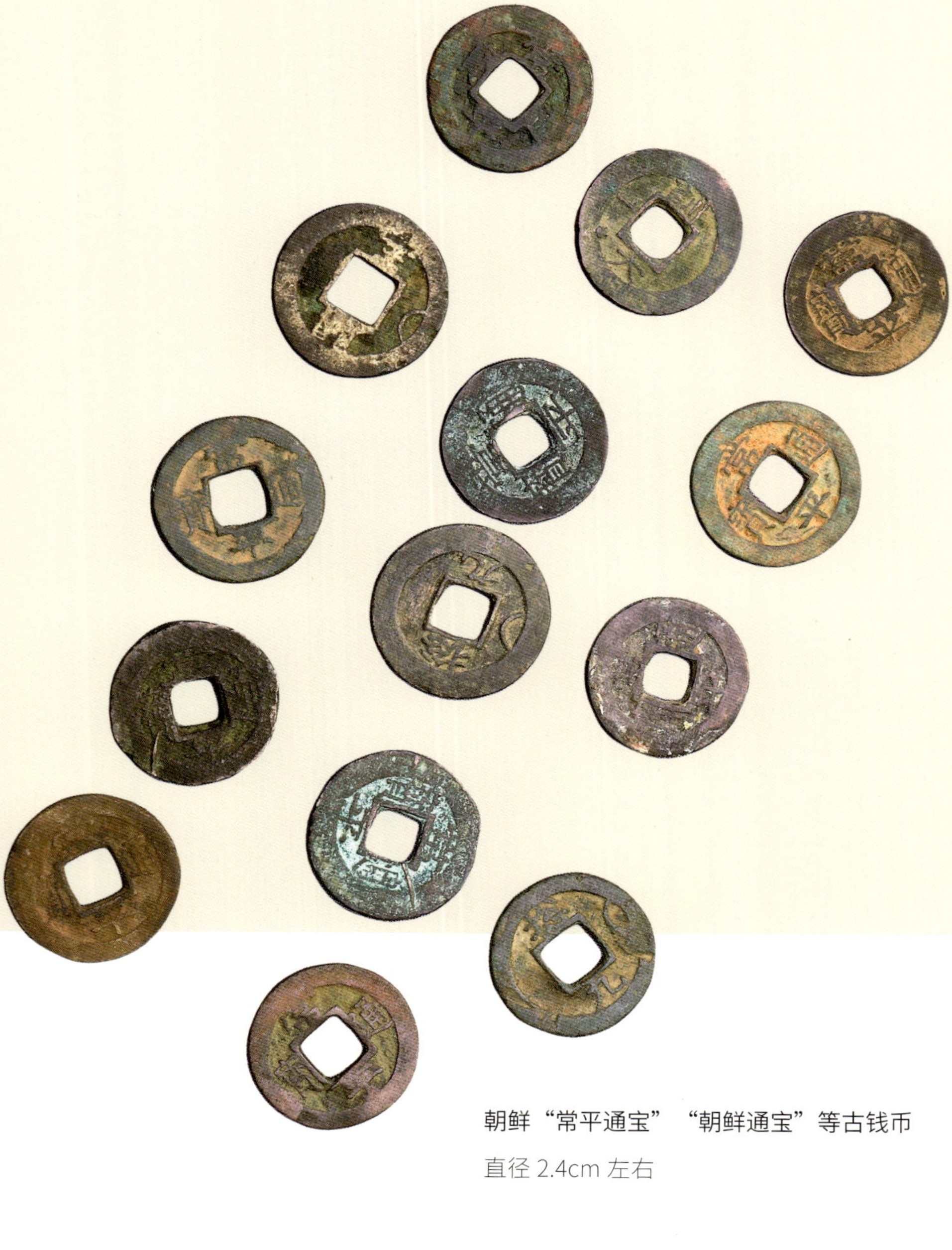

朝鲜“常平通宝”“朝鲜通宝”等古钱币
直径 2.4cm 左右

韩国文学家书法

20 世纪中后期

行书立轴

60.5cm×196.2cm

萬世師表

文
孔子
不學不知理
學而時習之

TAM TỰ KINH

南华汉风 各华其华

越南儒家学说的传播始于 2 世纪末（东汉时期），到了阮氏时期（1802—1945），儒学成为官方教育和治国理念的核心。通过两道圣旨和官府文书等文献可以看出，越南社会和政治生活深受儒家伦理的影响。越南的古籍、碑拓和古钱币均被打上了宗主国正统文化的烙印。

越南儒教的发展是随着教育制度和科举制度的引入同步进行的，科举考试以儒、佛、道三教同考而独具特色。由于越南历任皇帝在独尊儒教的同时，对于佛教和道教并没有采取绝对排斥的态度，对待三教之间的矛盾，也以较为灵活和实用的制度来处理；在世俗学问上，为达到“治国安民”而推崇儒教；在出世学问上，则崇奉佛教和道教。越南人将三教精华融合，并结合本民族特点和社会需要灵活应用，造就了越南儒学包容、实用、简约的特色。

圣旨

越南绍治六年（1846）

130.5cm×50cm

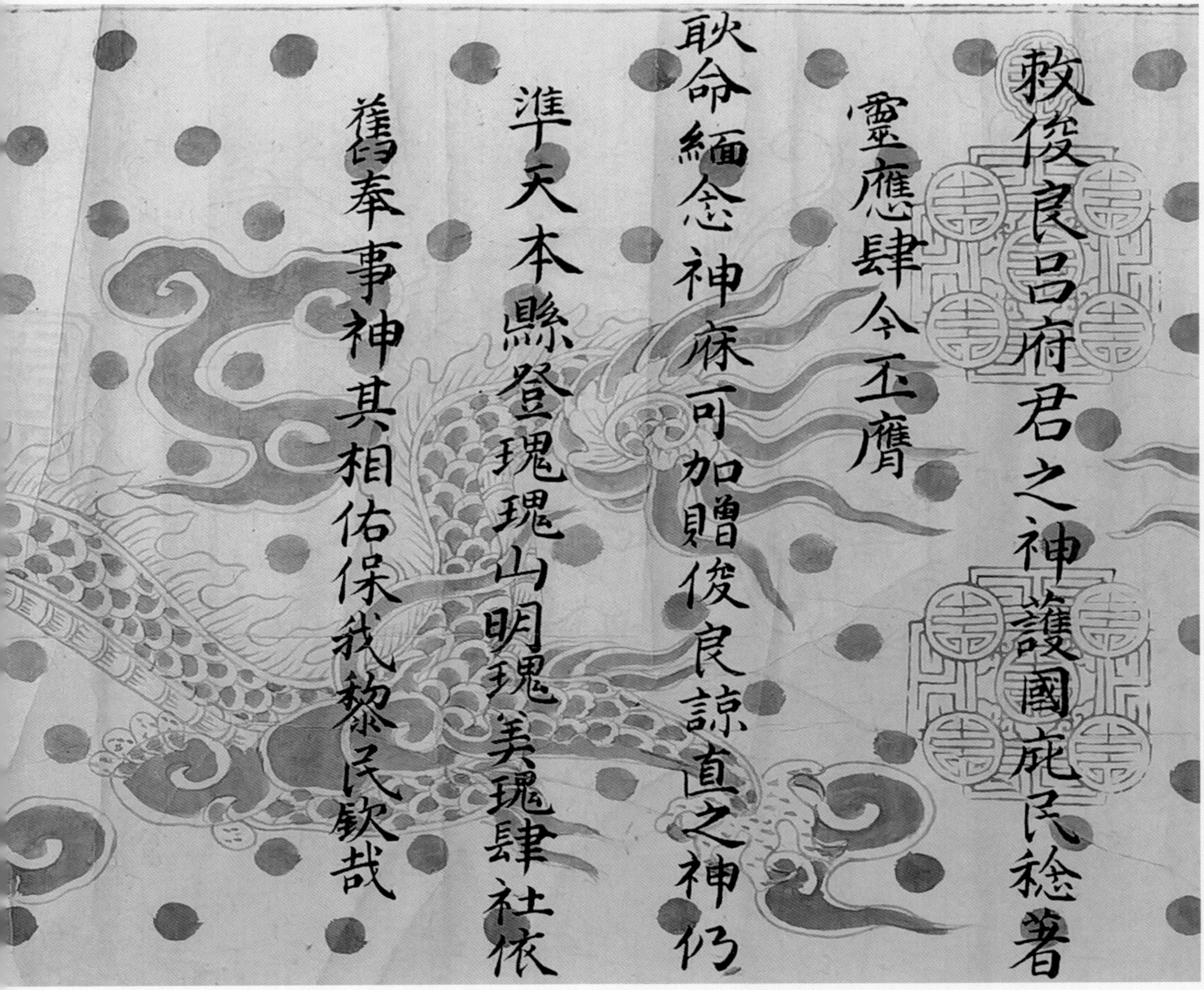
敕俊良呂府君之神護國庇民稔著
靈應肆今丕膺
耿命緬念神庥可加贈俊良諒直之神仍
準天本縣登瑰瑰山明瑰美瑰肆社依
舊奉事神其相佑保我黎民欽哉

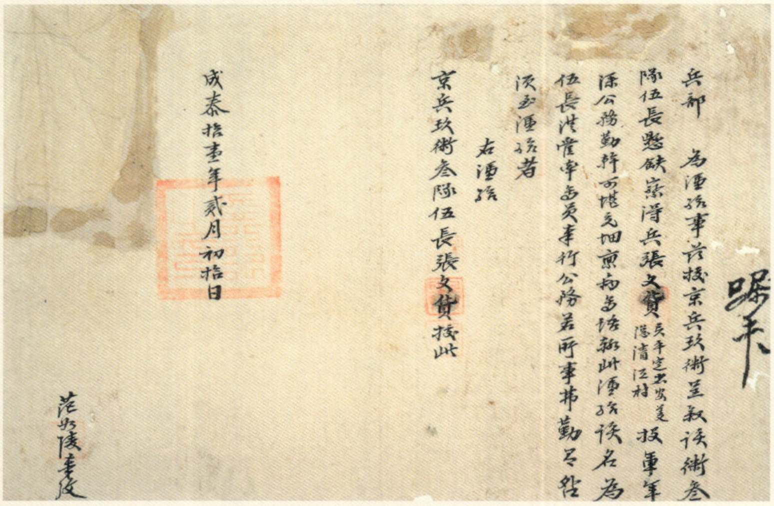

兵部授予张文货为三队伍长文书

越南成泰十一年（1899）

55cm×36cm

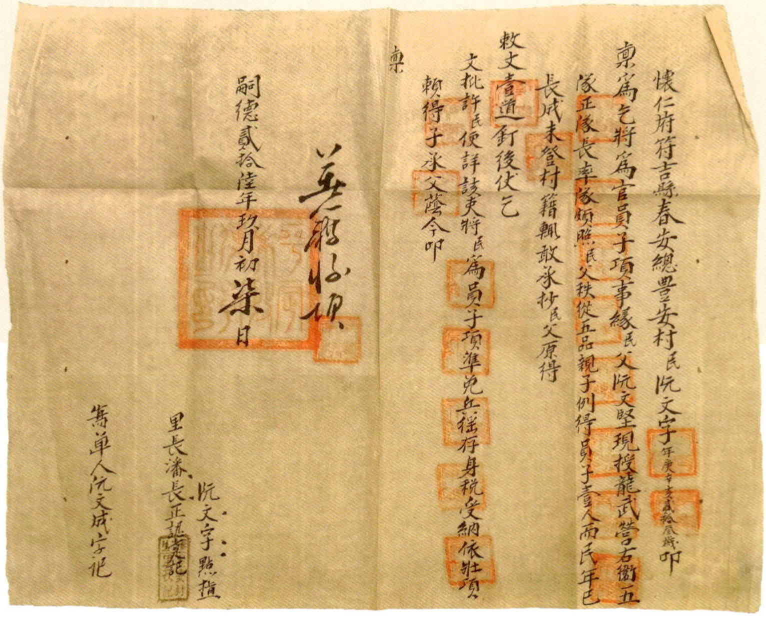

越南嗣德二十六年（1873）文书

41cm×33cm

越南“大和通宝”“元丰通宝”“元祐通宝”“汉元通宝”“景兴通宝”“绍圣通宝”等历代古钱币

嘉隆一两银条一枚

钱币直径 2.5cm 左右，银条 4.5cm×1.9cm×0.8cm

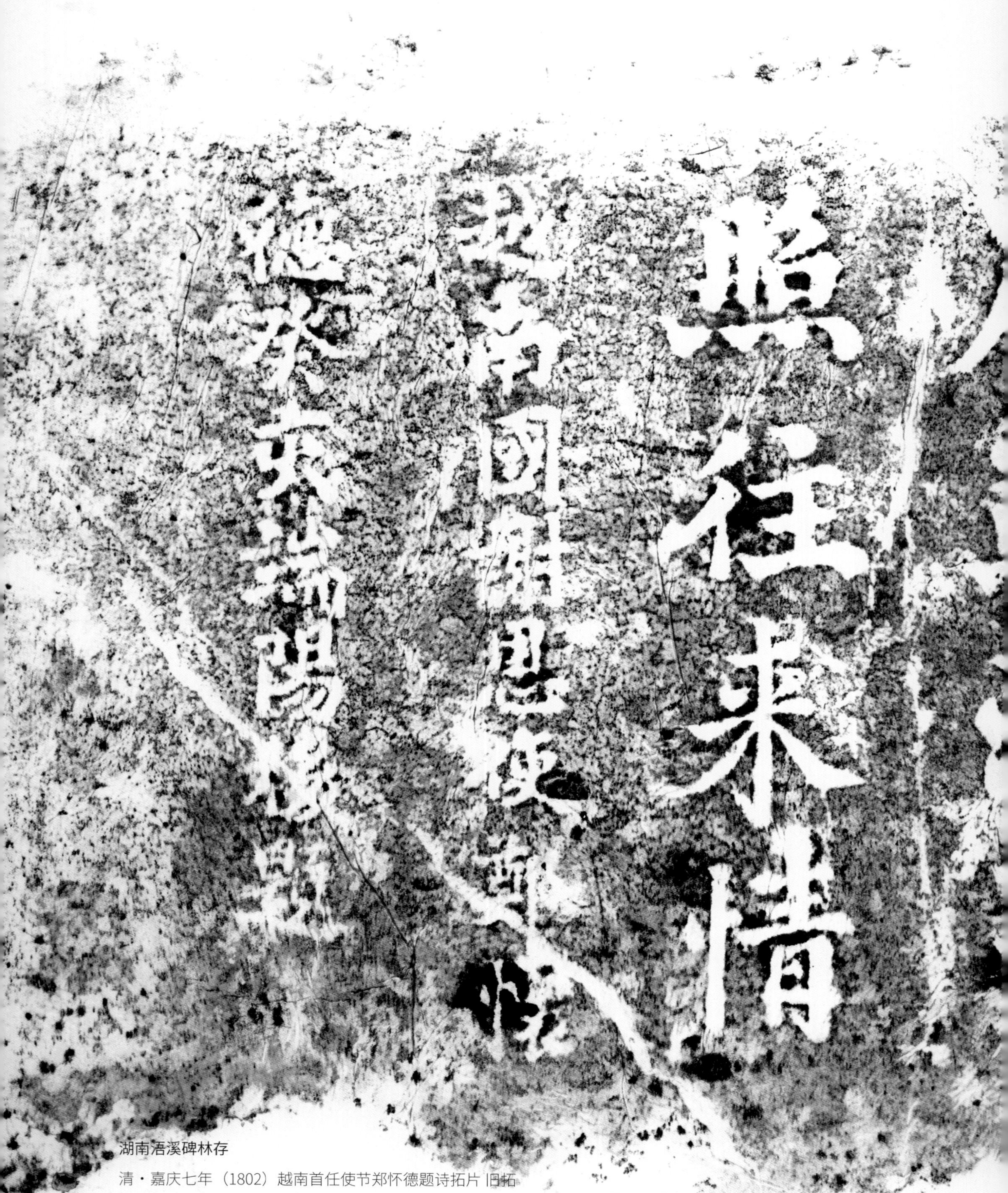

湖南浯溪碑林存

清・嘉庆七年（1802）越南首任使节郑怀德题诗拓片 旧拓

53.3cm×37cm

地氣洛溪
秀山開鏡
右石滇教

儒学东传 德必有邻

儒学在公元3世纪初由朝鲜传入日本，故儒家文化在日本的传播比佛教早，日本在奈良时期（8世纪）开始广泛接受儒家文化，尤其在江户时期（1603—1868），儒学成为日本社会政治基石。这里展示的江户、明治时期政治家、汉学家、书法家、书画家的作品，以及日本学者校点的中国儒家古籍，体现了日本知识分子阶层对儒家文化的深刻理解和领悟。22枚日本古钱币和日本制朱砂墨，体现了儒家教化润物无声的特质。日本虽虔敬儒学，师承唐风，但不少学者对儒学持批判继承的态度，体现为两点特异性：第一，没有实行科举制度；第二，几乎没有采行传统儒家的祭祀和礼仪。

“忠”和“孝”的范畴虽然都来自中国，但在中国并不是无条件的，中国儒者设定了一种凌驾一切之上的德目作为忠孝的条件，那就是“仁”。而在日本，仁通常是被排斥在伦理体系之外的道德，完全没有它在中国伦理体系中所占的那种崇高的地位。另一方面，江户时代的武士阶级接受儒学时，“勇”被作为与仁相并列的重要德目。所以在日本，忠敬、勇武、刚毅是武士阶级的重要德行，反映了江户时期社会的需要，也逐渐演变为日本儒学乃至日本文化的特色。

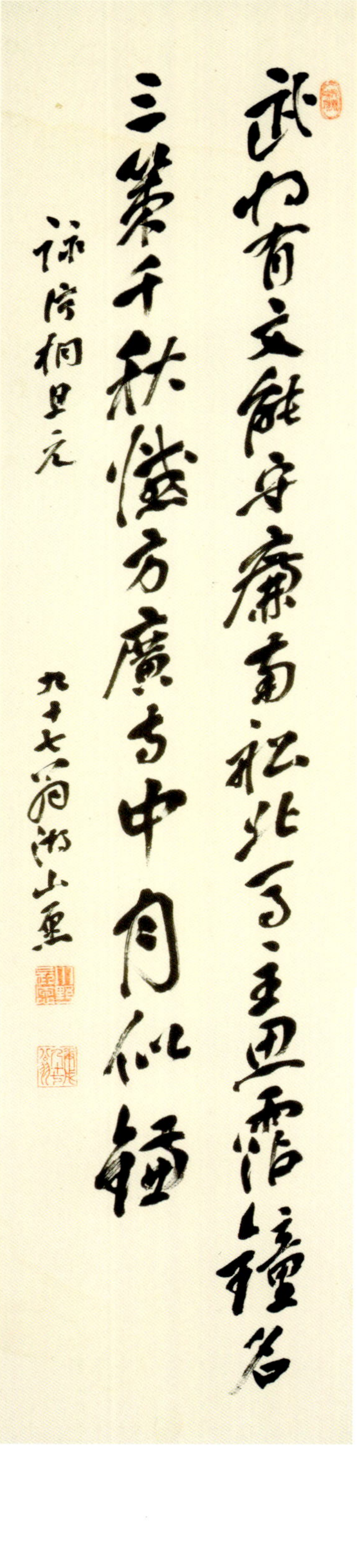

行书轴

32.6cm×137.3cm

小野湖山（1814—1910），本姓横山，名卷，后改为小野长愿，字怀之、士达、舒公、侗翁，号湖山，近江（今日本滋贺县）人。日本幕末至明治时期的汉诗派代表诗人，著有《湖山楼诗稿》《湖山近稿》等。

茶字镜心

楷书 66.5cm×108.5cm

盐谷温（1878—1962），号节山道人，日本著名的中国学家，中国俗文学研究的开创者之一。他出生于学术世家，28 岁即成为东京帝国大学（东京大学的前身）中国文学科的副教授，编著出版了《中国文学概论讲话》《唐宋八大家文新钞》《中国小说研究》等大量关于中国文学的书籍。

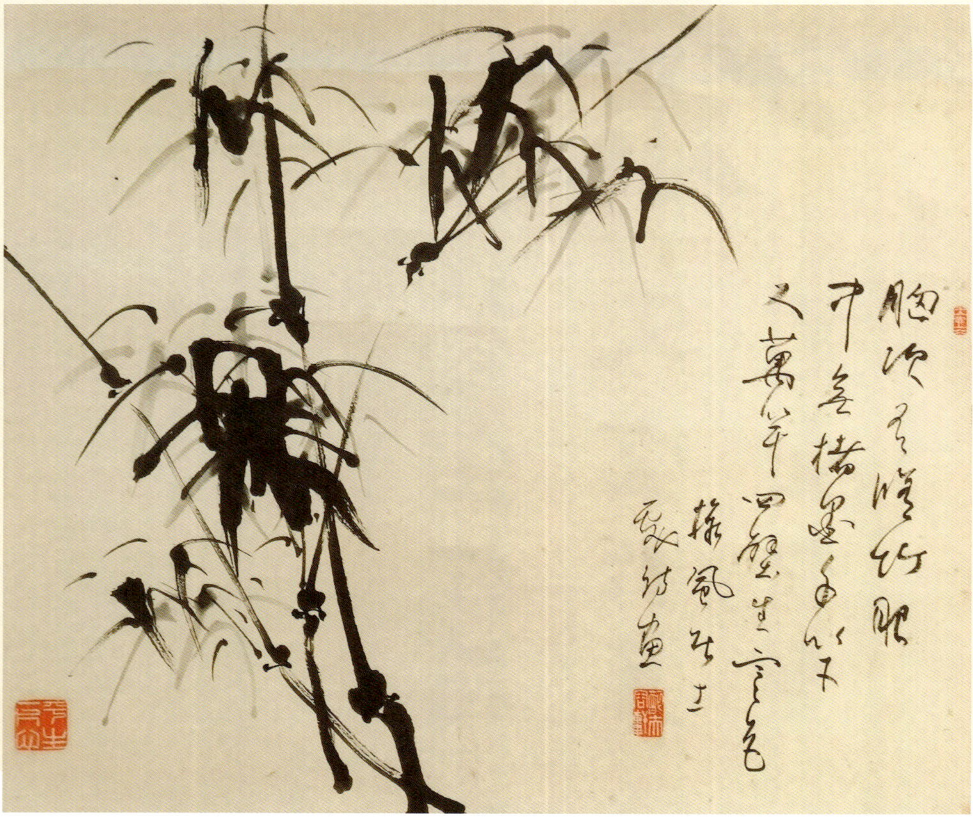

竹林山水 画轴 39.7cm×34.7cm

春木南溟（1795—1878），日本江户时代后期南画家，春木南湖长子，名秀熙、俊龙，字子敬、子缉，号南溟，别号耕云渔者、吞山楼等，通称卯之助，出生于江户。

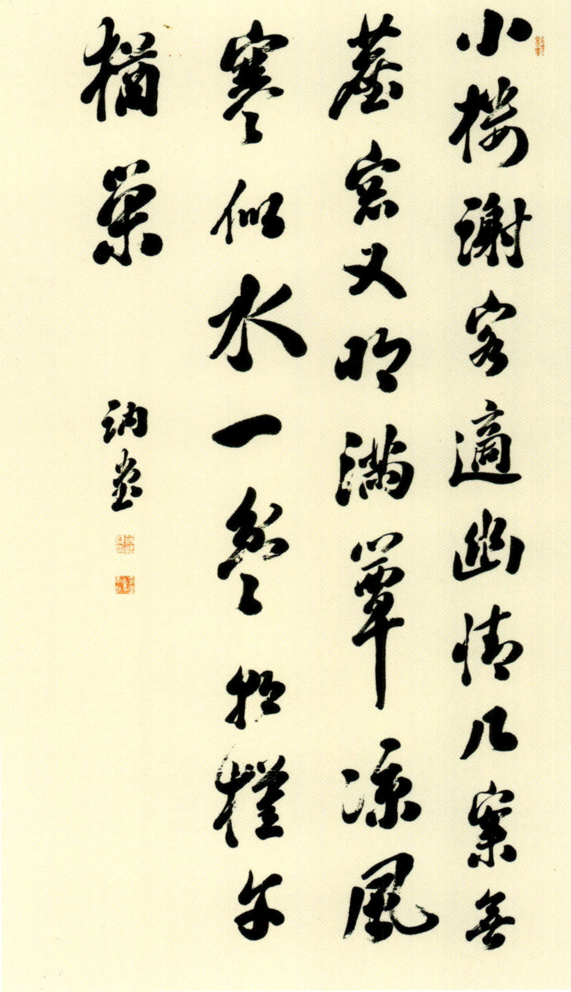

行书轴 94.5cm×177cm

筱崎讷堂（？ —1861），江户时期著名汉学家、收藏家筱崎弼（小竹散人）义子。

煮海园

行书横披 122.5cm×34.5cm

东久世通禧（1834—1912），日本江户时代末期至明治时代公家、华族、政治家，号竹亭、古帆轩，从一位勋一等伯爵，历任神奈川府知事、开拓长官、侍从长等职。

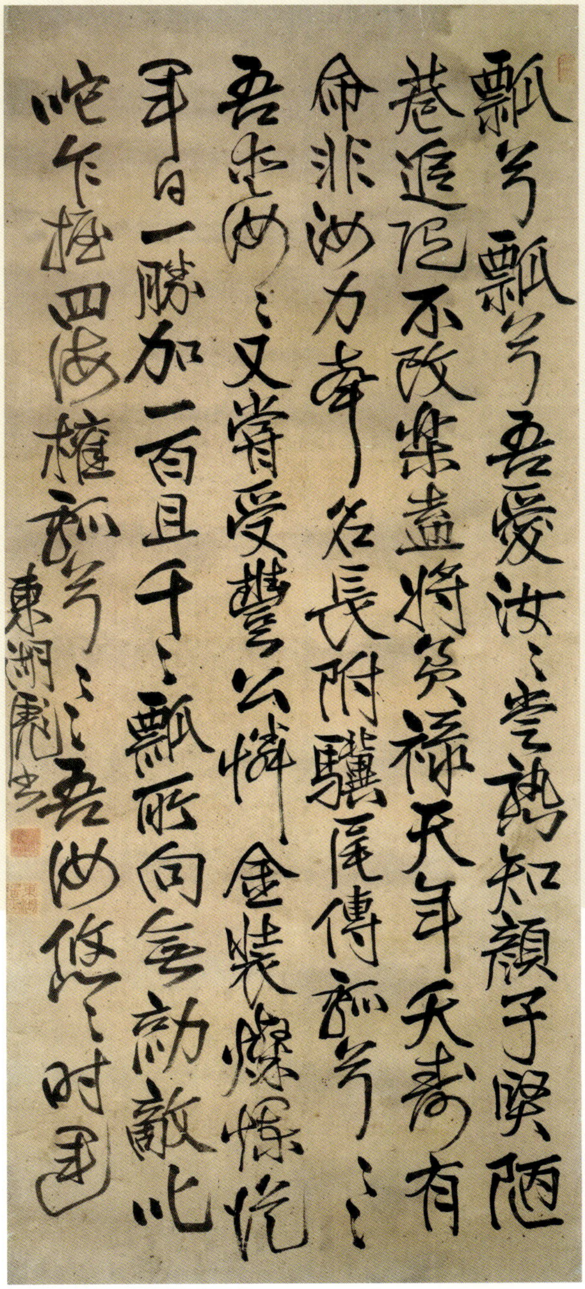

行书轴 61cm×136.5cm

梁川星岩（1789—1858），日本江户时代的汉诗人，与江湖诗社的诗人交往频繁，自接触到葛西因是的《通俗唐诗解》后，对唐诗产生较大兴趣。1817 年在故乡闲居时，与他人共同组织成立白鸥诗社。有《西征集》存世，被誉为“日本的李白”。

青山似新沐

隶书轴 49cm×131.5cm

严谷一六（1834—1905），日本明治时期书法家，中国清代学者杨守敬的得意门生。

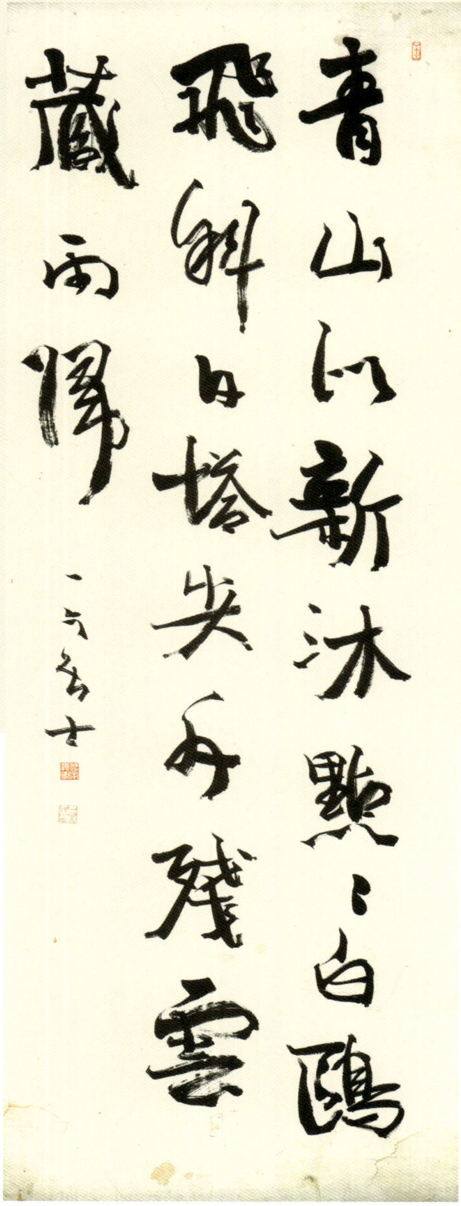

春景山水

画轴 42.7cm×134.6cm

山本梅庄（1846—1921），出生于大阪市，原名山本驹，字子野，别号半村。先后师从贯名海屋、三谷雪庵研习南宗画，后向中国刘冷窗学习中国诗词文学。与吉嗣拜山、儿玉果亭一起被称为“地方三大家”。

行书对联

17cm×129.8cm×2

木户孝允（1833—1877），本名桂小五郎。长州藩出身，在尊攘、讨幕运动中起领导作用，是政府的核心人物，推进奉还版籍、废藩置县，与西乡隆盛、大久保利通一起被称为“明治维新三杰”。

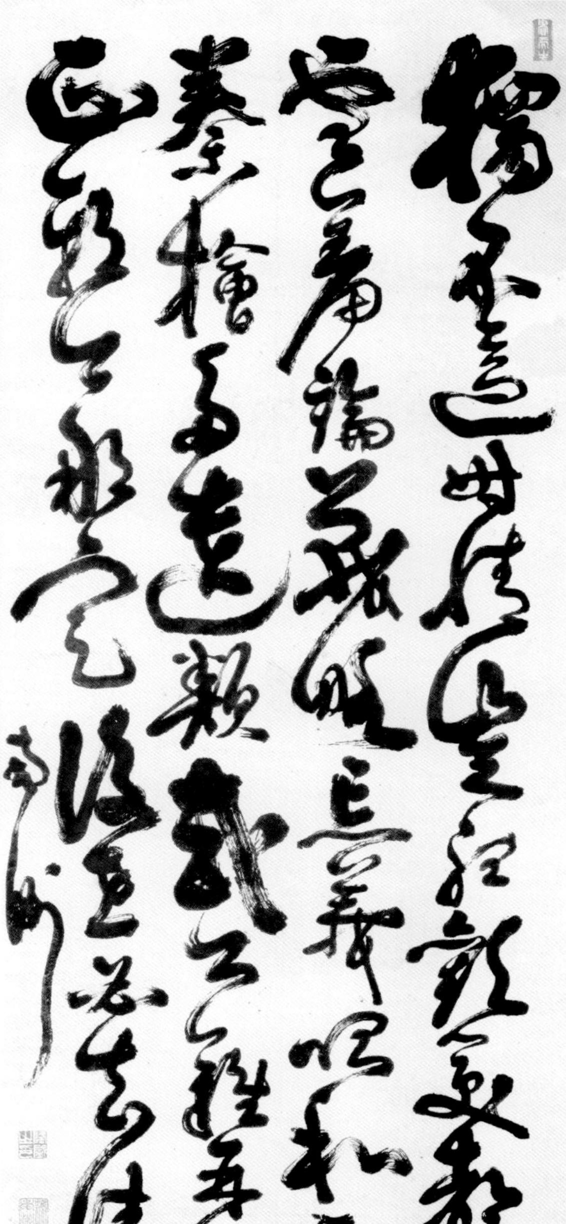

行书 70.5cm×187cm

西乡隆盛（1828—1877），日本江户时代末期的萨摩藩武士、军人、政治家，他和木户孝允、大久保利通并称“明治维新三杰”。

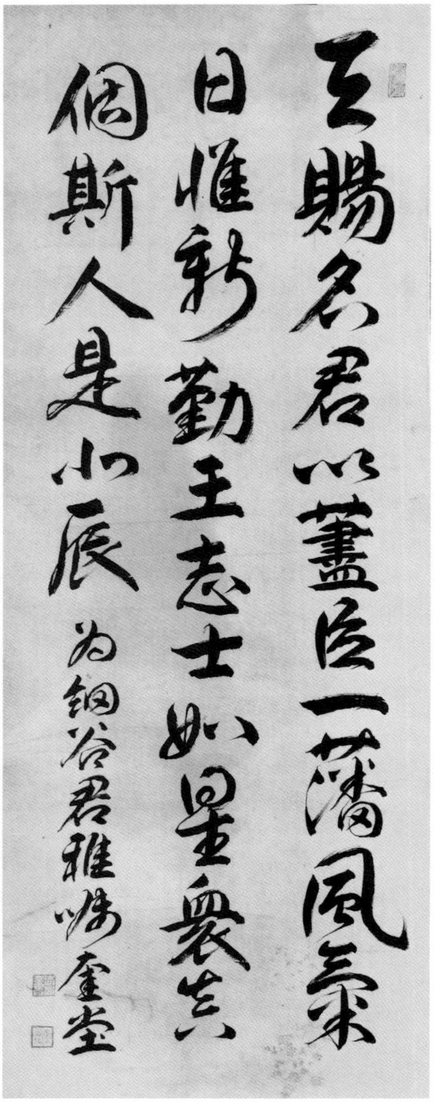

行书 70.5cm×188cm

清浦奎吾（1850—1942），日本政治家，日本第23任首相（内阁总理大臣），出生于熊本县，历任司法官、贵族院议员、司法大臣、农商务大臣、枢密院议长等职务。

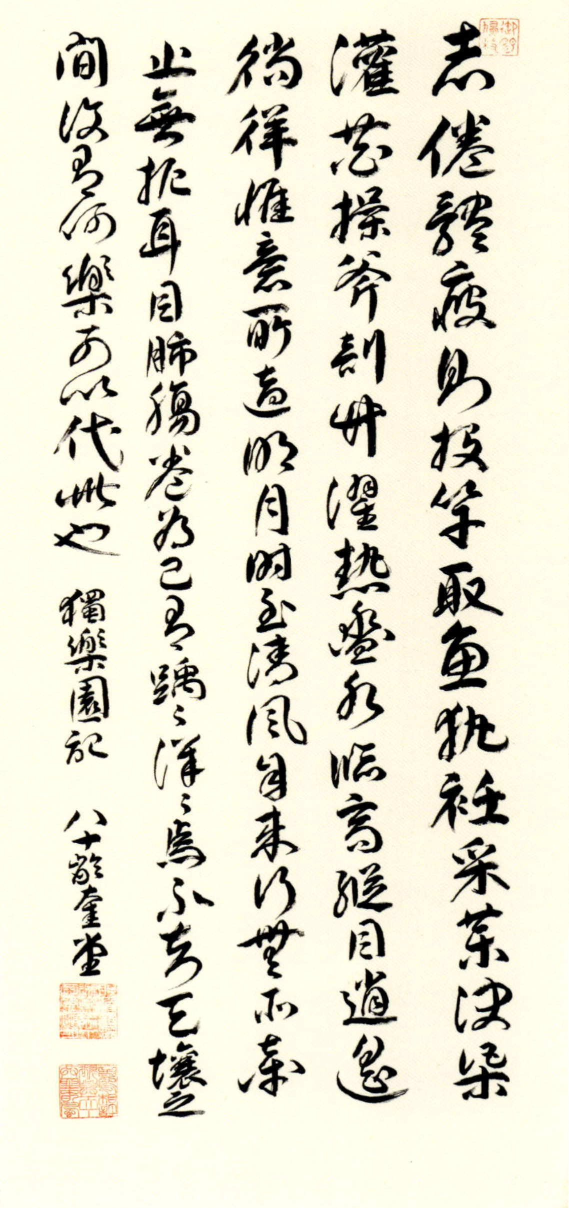

书法 87.7cm×201.5cm

清浦奎吾

关羽夜读春秋

人物画轴

40cm×117.1cm

盐川文麟（1808—1877），日本江户末明治初的著名画家，其真迹罕传。

日本“宽永通宝”“神功开宝”“平安通宝”“万年通宝”“富神寿宝”“仙台通宝”以及“筑前通宝”“土佐官券”等古钱币

直径 3cm 左右 最大 5cm×3.5cm

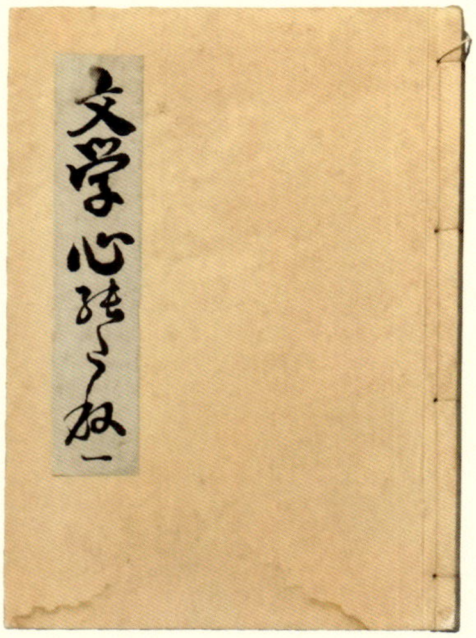

日本老子心学期刊

12.1cm×18cm，高 2cm

《孟子集注》 朱熹

后藤训点

明治十三年（1880）刻本

12.5cm×18.3cm，高 1.5cm×2

《朱熹集注四书》

后藤训点

明治二十四年（1891）东京春阳堂发行

11.5cm×16cm，高 2.5cm

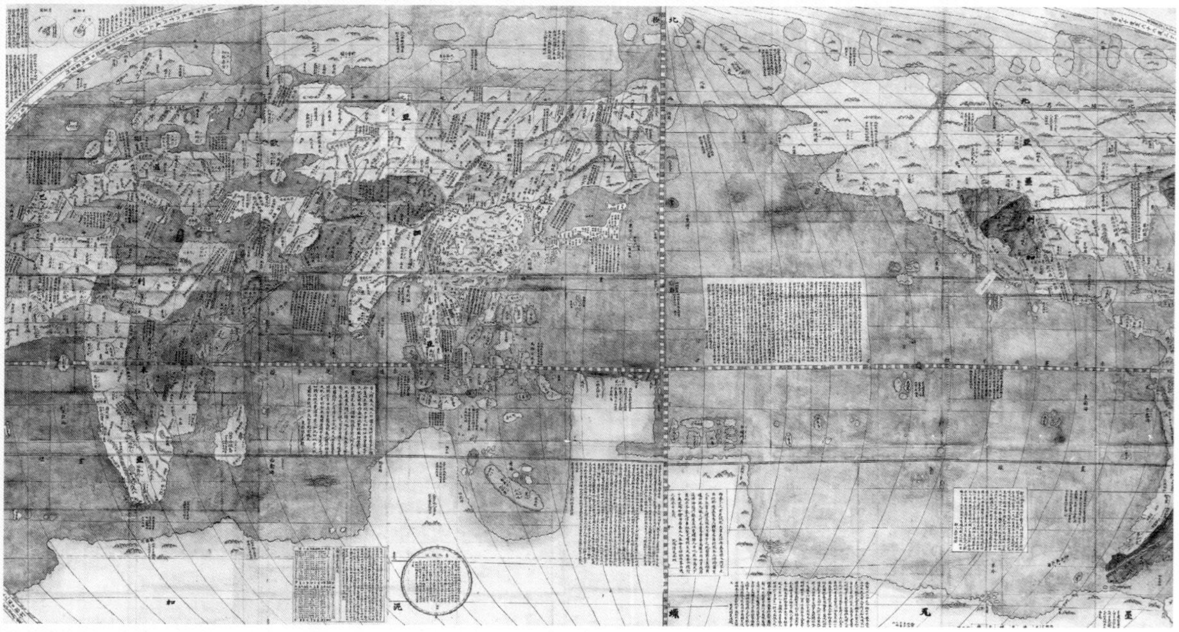

东风西渐 寰宇大同

中学西学，各有所长，互通有无，顺理成章。中西文化交流传播，引进、翻译基本典籍是首要之事。程道德先生将其收藏的西方传教士和汉学家翻译的中国经典著作倾力捐赠，高谊可风。

如英国外交家、汉学家翟理斯译著《聊斋志异》《中国文学史》，英国传教士李提摩太译著《西游记》，文笔流畅优美，在西方世界家喻户晓。法国翻译家鲍迪埃译作《东方经典》等，实现将中国古代经典在欧洲社会通俗化传播。德国传教士卫礼贤译作《吕氏春秋》《周易》，再度激发黑塞、荣格等学者对东方“开启性真理”的高度肯定。此外，还有诺贝尔文学奖获得者、美国旅华女作家赛珍珠的译著《水浒传》，在欧美风靡一时。此外美国北长老会传教士、北京同文馆负责人、京师大学堂首任总教习丁韪良专著《汉学菁华》，从科技、文学、宗教、哲学、教育、外交等领域，分别对中华文化一一阐述，让世界充分了解中国，尤为特出。

时光流逝，经典长存。西风东渐，东风西渐，众生一体，寰宇大同。

《汉学菁华》

[美]丁韪良 译

1912 年出版

14.5cm×21.5cm, 高 4.5cm

丁韪良，美国汉学家，熟悉中国儒家典籍，在此基础上翻译了一本适合中国人使用的《万国公法》，使清政府在外交方面有了更精确的参照。

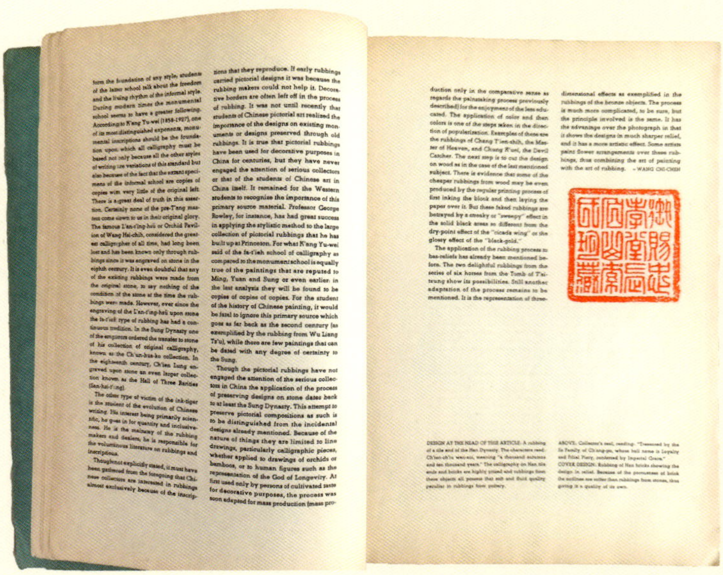

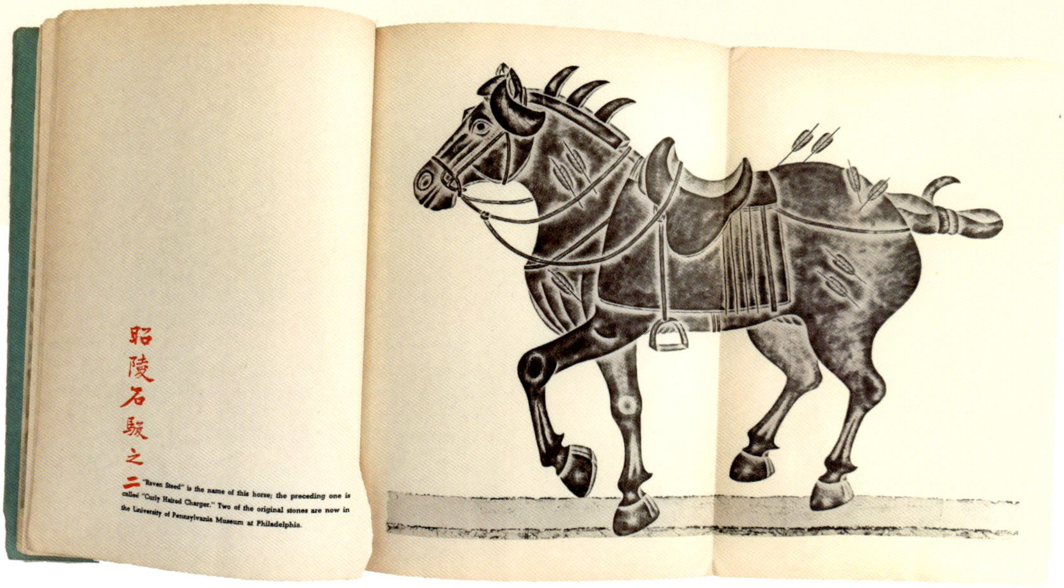
昭陵石駿之二
"Raven Steed" is the name of this horse; the preceding one is called "Curly Haired Charger." Two of the original stones are now in the University of Pennsylvania Museum at Philadelphia.

《孺子歌图》

[美] 何德兰编

光绪二十六年（1900）

纽约藜威勒公司印发

7.5cm×23.5cm，高 2.5cm

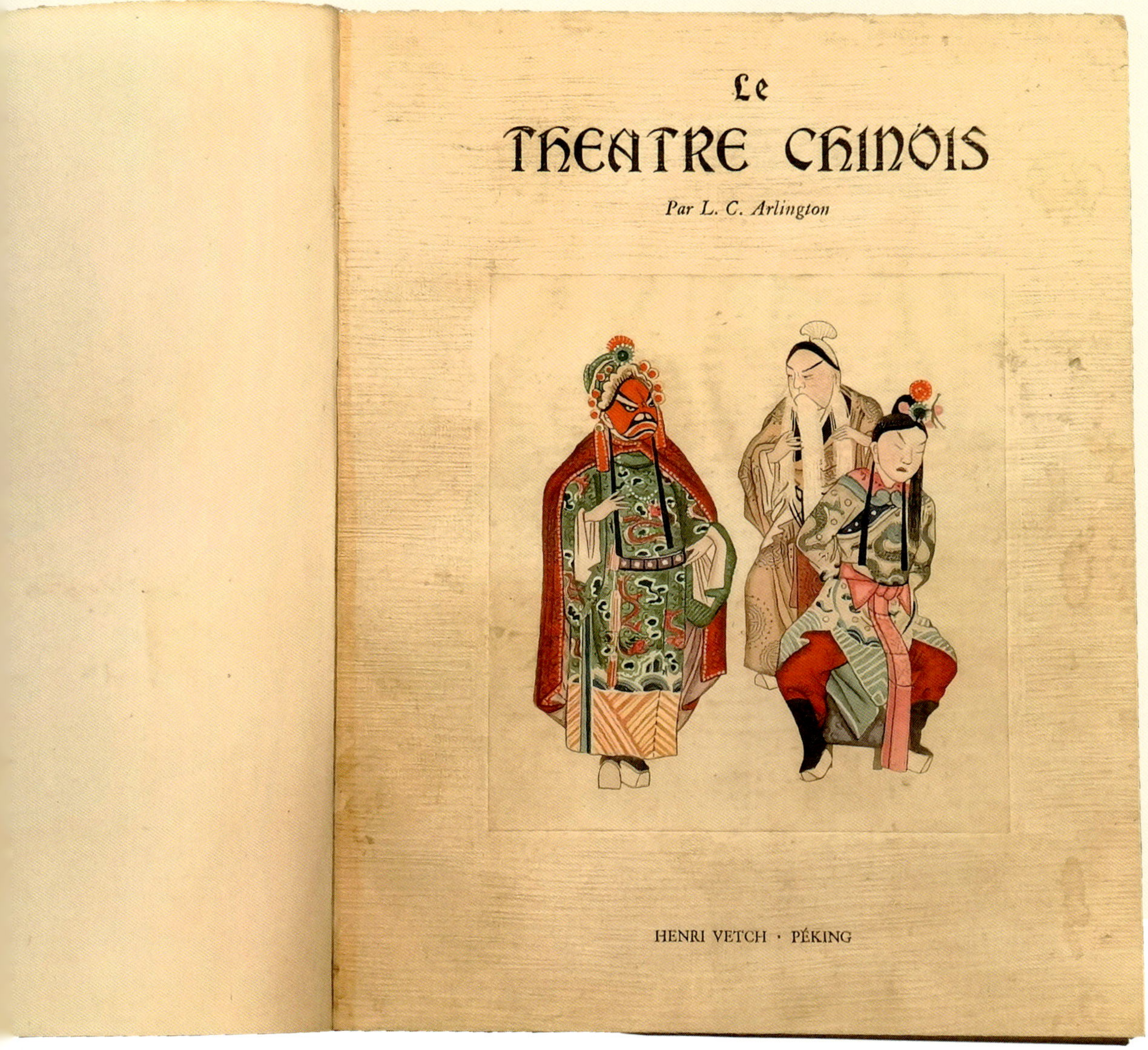

中国戏谈

[法]M · Maleologue 译著

1885 年巴黎教会印刷出版

22.5cm×29cm，高 4cm

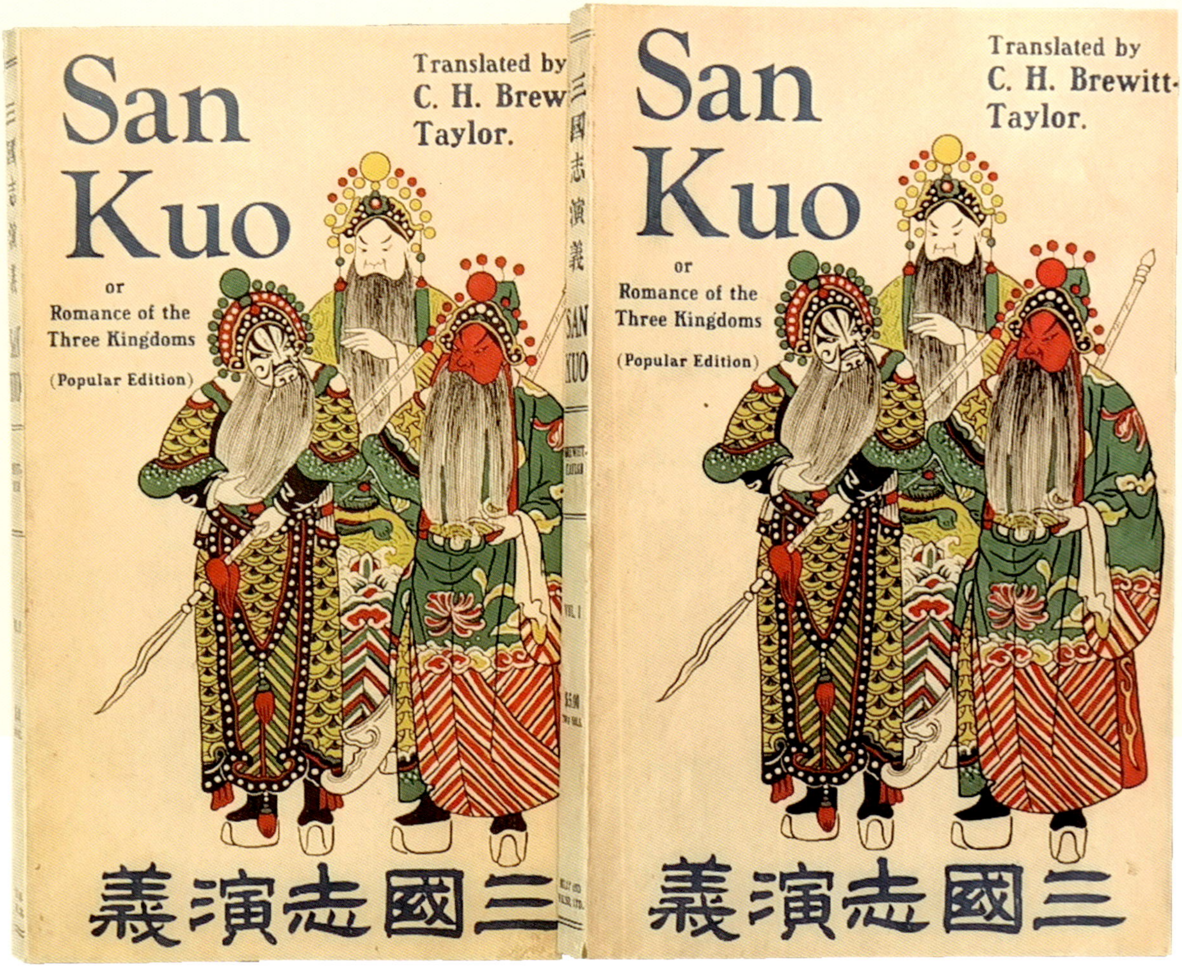

《三国志演义》

[英]C.H. 布雷维特 - 泰勒 译

1925 年上海别发书局出版

16.5cm×26cm，高 5cm

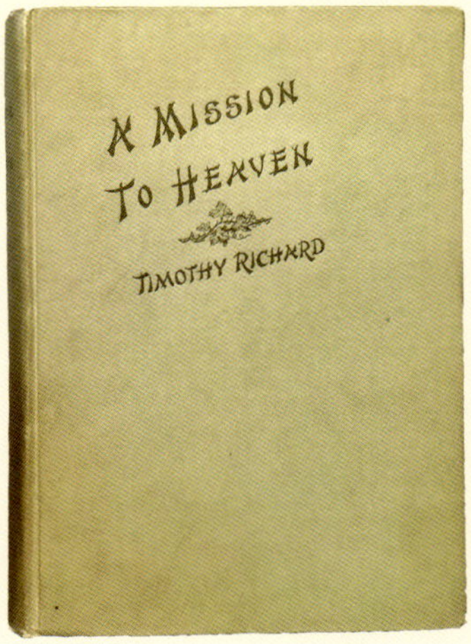

《西游记》

[英] 李提摩太 译

1913 年出版

16cm×23cm, 高 3.8cm

李提摩太，在近代中国政治、外交、宗教、科学、通讯、国际贸易、赈灾、现代学校和专业学院的创设、现代出版社的建立等广泛领域参与了重要的工作，对中国晚清政局也产生了重要影响，这些影响在很大程度上是积极的。

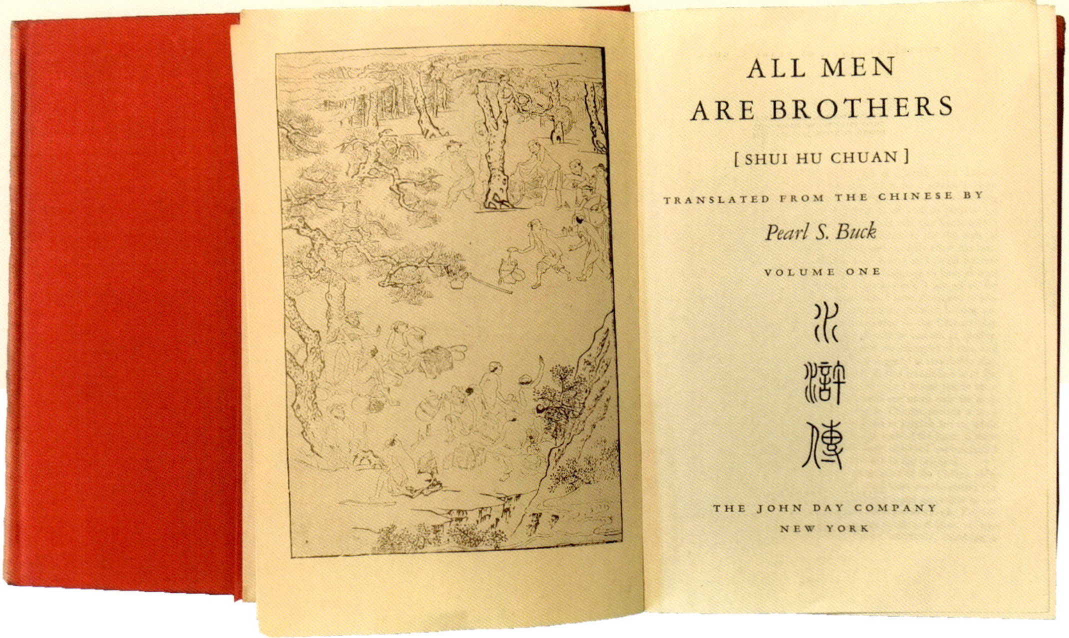

《水浒传》

[美] 赛珍珠 译

1933 年出版

15cm×21.5cm, 高 7cm

赛珍珠，曾把《水浒》译成英文，译名为"四海之内皆兄弟"(1933)，也发表了许多短篇小说、广播剧和文艺评论。

深渡、昌溪、定潭，相去并不太远，大约相距都在十华里左右，但全是山路，并不好走。深渡在新安江边，眼界比较开阔；昌溪处万山丛中，满眼翠绿；定潭与昌溪地形似，但村落却坐在小盆地中。村屋两侧相望，正中有一条水，整齐的青石砌岸，与青石街道相接，洁净异常。清澈的流水，几乎与两岸相齐，踏在石砌的平桥之上，水从脚下流过，真有“子在川上”的感慨。

—— 江兆申《我的艺术生涯》

歙县是我的老家所在。在合肥，我曾戏称我是“寻根”来了。小时候听祖父说：我们本是徽州人，从他起往上数，第七代才迁居至高邮。祖父为修家谱，曾到过歙县。这家谱我曾见过，一开头是汪华的像。汪华大概是割据一方的豪侠，后来降了唐，受李渊封为越国公。“越国公”在隋唐之际是很高的爵位，隋炀帝时的司空杨素就被封为越国公。他在当地被称为“汪王”，甚至称之为“汪王大帝”。据说汪家的老祠堂很大，叫做“汪王庙”。我问徽州人，汪家老祠堂还在么？答云：早没有了，早年还能拾到一些残砖断瓦。汪家是歙县第一大姓，我在徽州碰到好几位姓汪的。我站在歙县的大街上，想：这是我的老家，竟有一种说不出来的感情。慎终追远，是中国人抹不掉的一种心态。而且，也似无可厚非。

——汪曾祺《皖南一到》

练江蜿蜒村前绕，上接岑山下义城，竹为饰山疏更密，云因护阁散还生。

祠旁照眼千桃好，厅外娱心八桂明。八十年前儿戏地，一花一木总牵情。

——曹元宇《题雄村图》

这恼人的蝉声，它勾起了 1971 年在皖南“五七干校”的一切，拂晓插秧，溪水清寒，午后下田，水暖如汤，但偶然在柳荫下休息一会，喝上一杯山茶，听几声蝉鸣，是一天中忙里偷闲的好辰光。

临行前写了二首诗，此刻也居然在一本古建筑书中找到：“群峰环揖水边村，满树梨花照眼明。缺处茂林天一角，黄山遥接练江清。春茗秋实总相思，它日重来忆此时。一种情怀忘不得，归程回首步步迟。”下面写的是“七二年二月四日红卫农场同济干校次日返沪”。人总是有感情的，我还希望有一天重临其地，再看看山川地貌，与我亲植的梨树茶丛。

——陈从周《山居谈往》

叁

新安中医 悬壶济世

中华医药，源远流长，徽州中医，华彩篇章。

岐黄之道，一源多流，新安医学，橘井泉香。

萌于晋唐，成于宋元，鼎盛明清，传承至今。

“固本培元”筑先天后天之根基，“错简重订”开伤寒争鸣之先河。

“人痘接种”预防天花泽及万民，“养阴清肺”治疗白喉造福百姓；

“医门八法”八法之中百法备，“相气十法”十法之上气色明。

“乌聊汇讲”讲学论道存实录，“宅仁医会”约会立款启先例；

“槎溪会课”循序渐进汇新知，“办刊办学”请愿图存勇担当。

名医辈出，灿若繁星，医著弘富，辉耀华夏。

《医说》娓娓道来传佳话，《医述》述而不作得风流。

《古今医统》皇皇百卷统医宗，《医宗金鉴》守正开新鉴古今。

《活法机要》应变灵活有法度，《医旨绪余》裁断超卓见真功。

《素问吴注》深入浅出惠医林，《医方集解》简明实用利大众。

义理无穷，医道精微。立心立命继绝学，一腔浑是活人心。

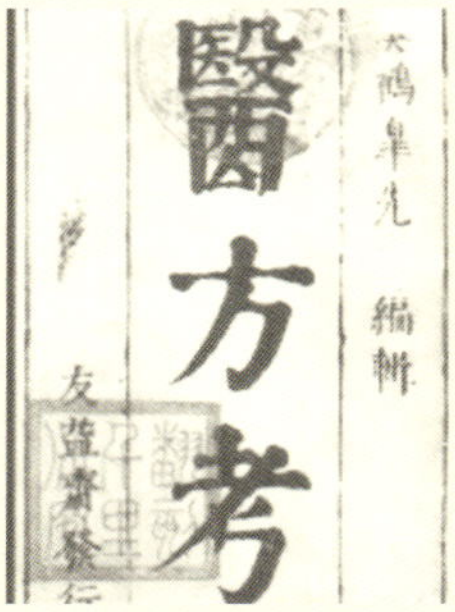
醫方考

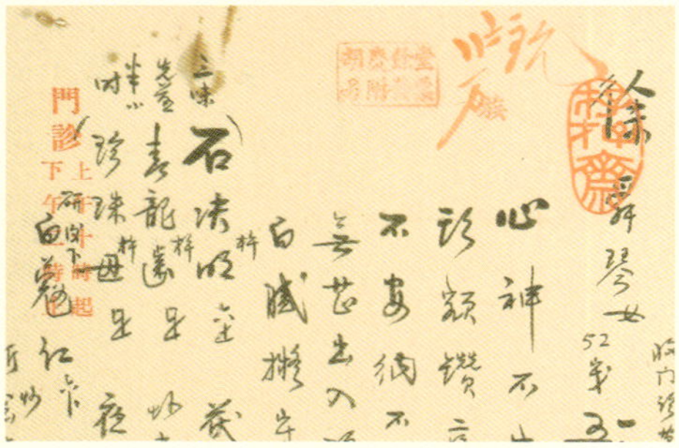

醫博

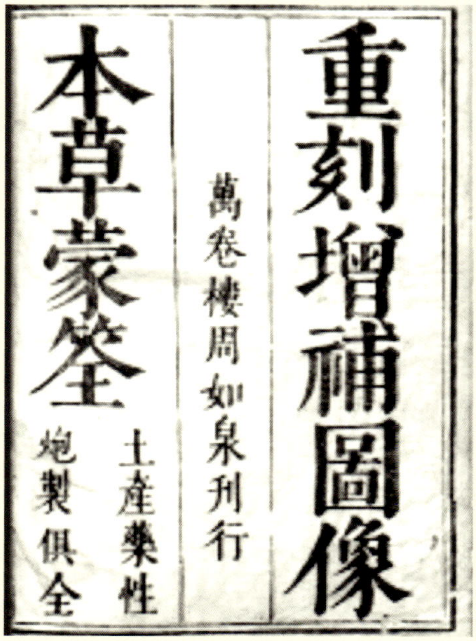
重刻增補圖像
萬卷樓周如泉刊行
本草蒙筌
土產藥性
炮製俱全

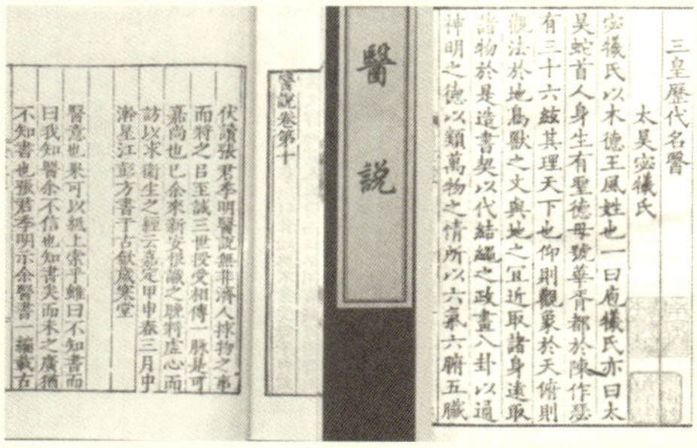
醫說

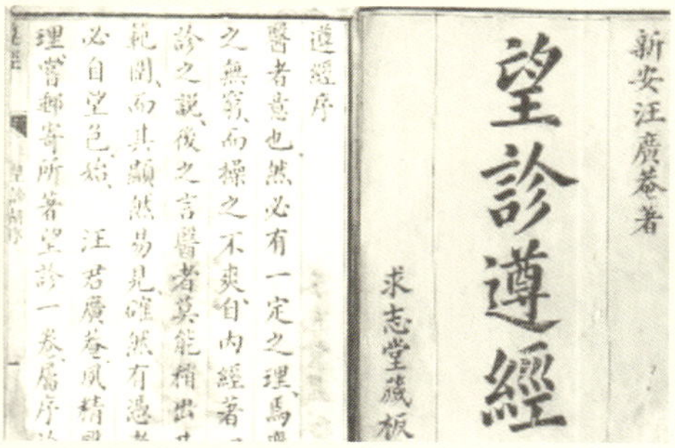
新安汪廣菴著
望診遵經
求志堂藏板

新安名家 医方大成

新安医学，群星璀璨，世传师授，代不乏人。北宋末年张扩有“神医”之誉，参加全国医生的医经考试，数百人中独占鳌头，授为御医。黄孝通，歙县黄氏妇科之祖，宋孝宗时御赐“医博”，代有传人。张杲，以儒医著称，潜心医学五十余载，其著作《医说》10卷，是我国现存最早的医史传记，并东传朝鲜、日本等国。其他如王国瑞、程汝清、程玠、陈嘉谟、孙一奎、江瓘、吴正伦、余午亭、张守仁、程敬通、汪喆、郑承湘、汪文绮、许豫和、叶馨谷、王履中、吴亦鼎、程芝田、曹启梧、王仲奇等，皆造诣深厚，影响久远。

新安名医世家世代行医。遵医道、守家法，妙手回春；传真方、著本草，功在千秋。如“王氏内科”“张一贴内科”“黄氏妇科”“曹氏外科”“郑氏喉科”“吴山铺伤科”“梅林妇科”“西门桥儿科”等，均流传至今，长盛不衰。

此外，尚有诸多珍本、孤本、未刊医著、名医手稿、处方真迹，深藏于徽州民间，一旦重见天日，终将大放异彩。

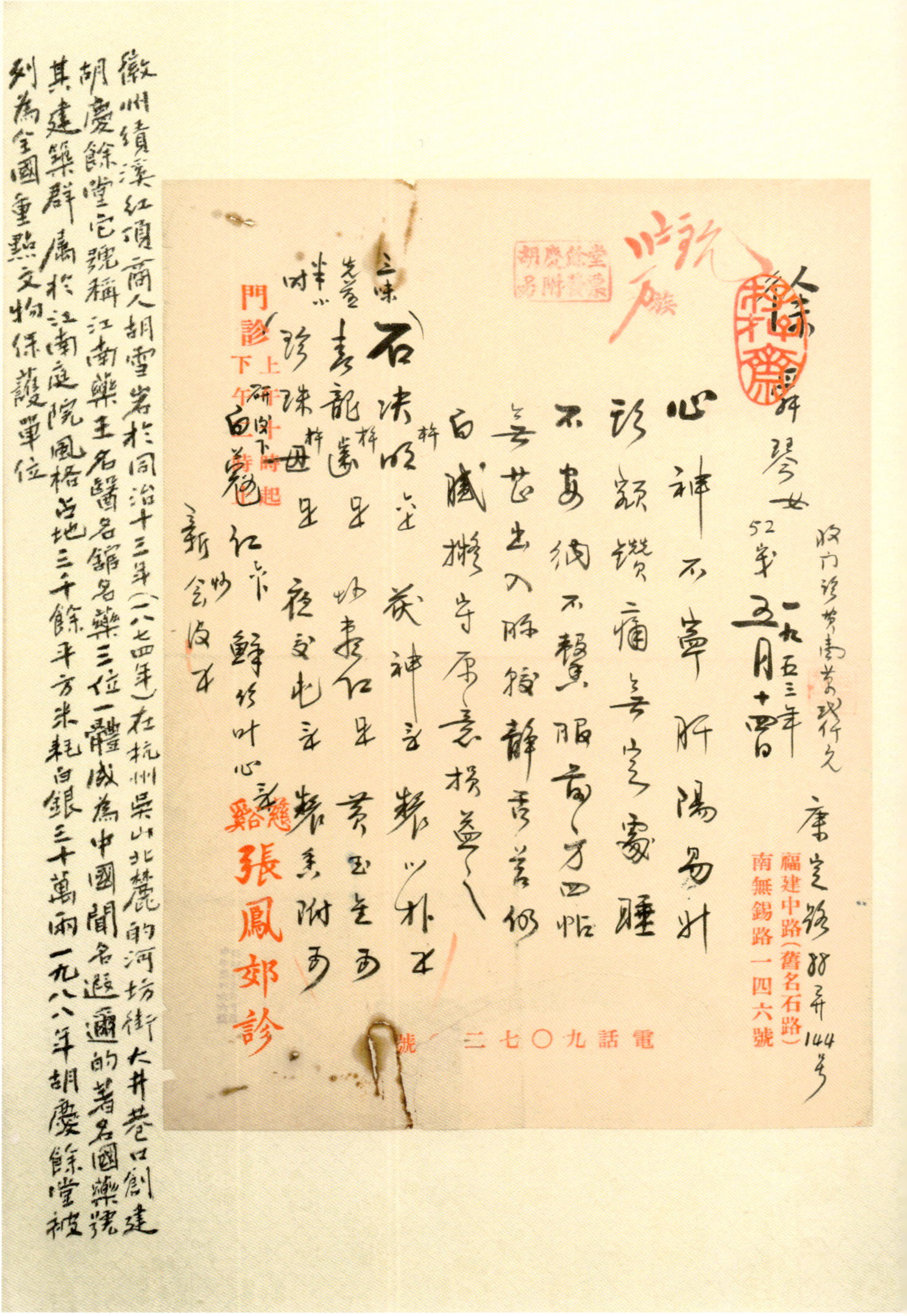

胡庆余堂中医药方

20cm×27.8cm

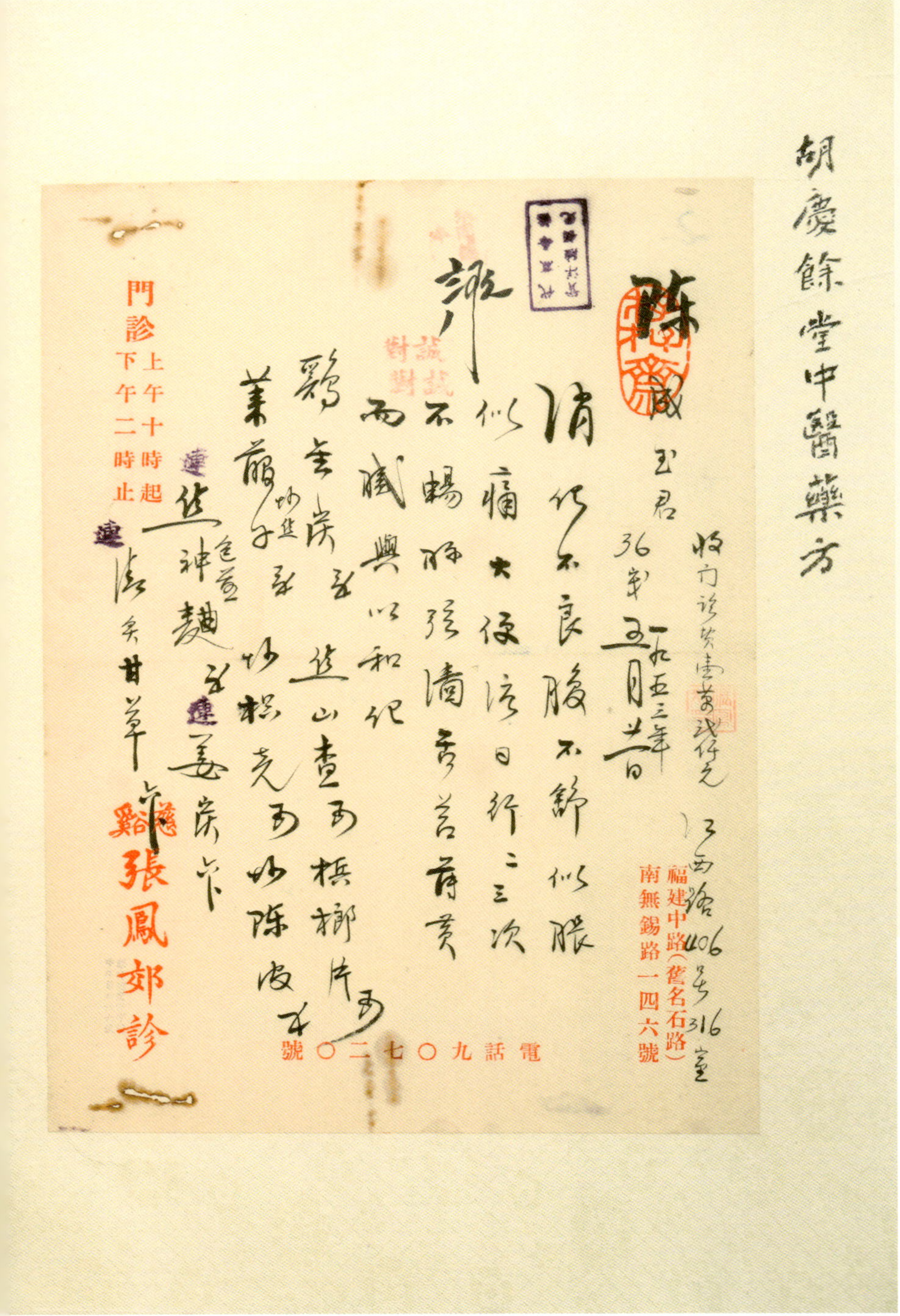

胡庆余堂

胡雪岩于 1874 年创建，宗旨济世宁人。胡庆余堂以南宋官办“太平惠民和济药局”局方、传统方、名医验方、秘方为基础，生产数百种产品，是我国现存历史悠久的传统中药企业之一，享有“江南药王”盛誉。

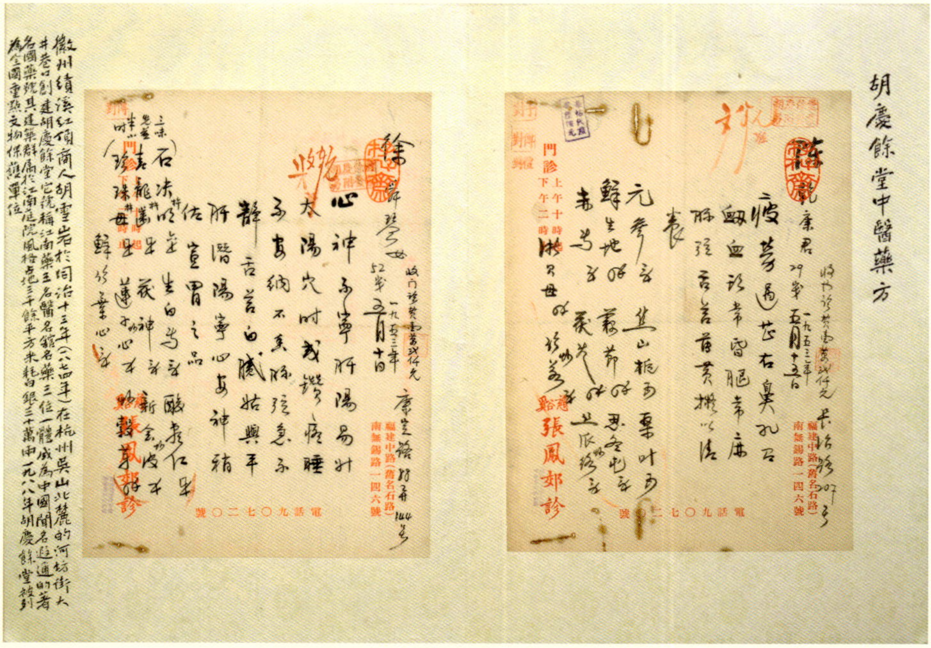

胡庆余堂名医中药处方

19cm×28cm

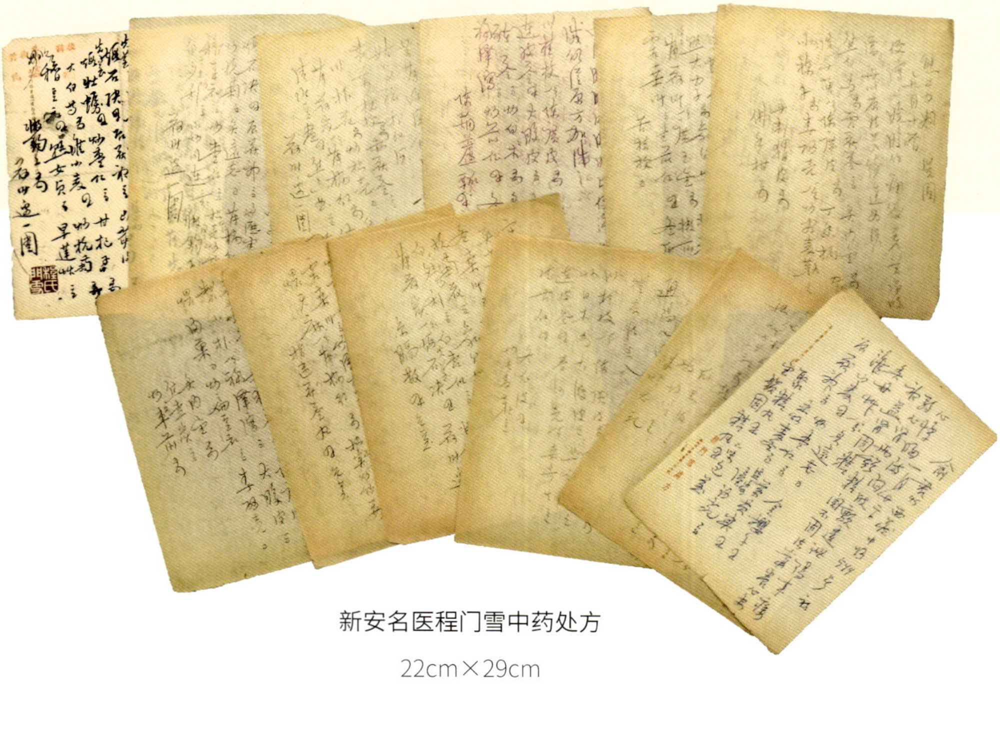

新安名医程门雪中药处方

22cm×29cm

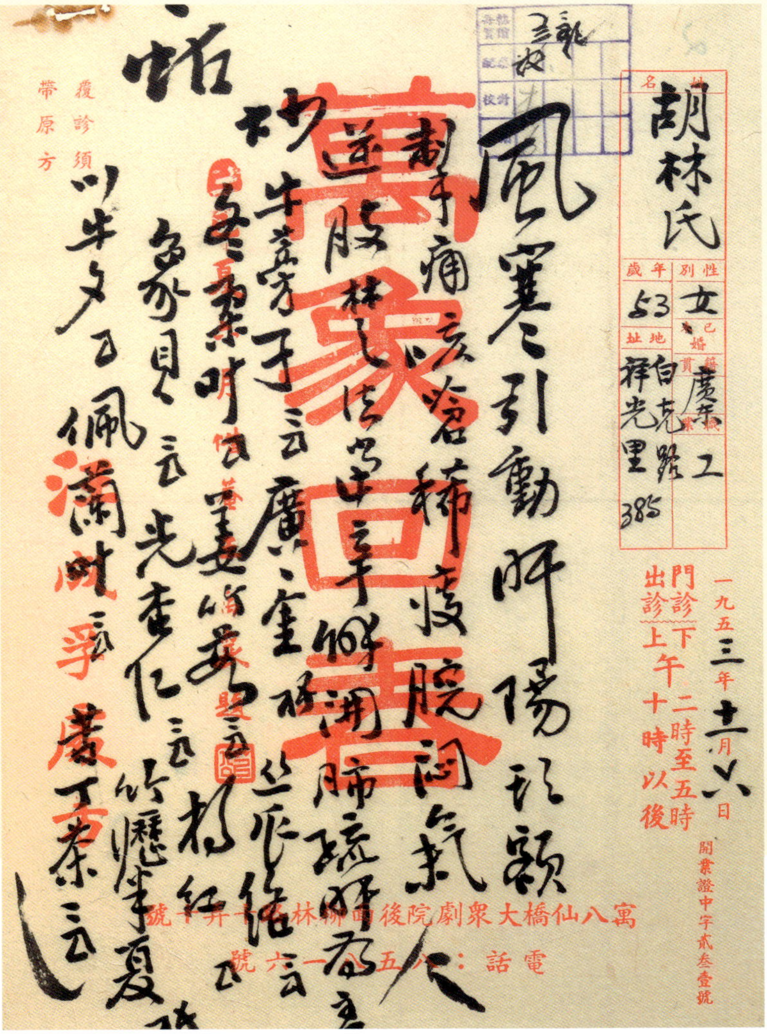

中医处方

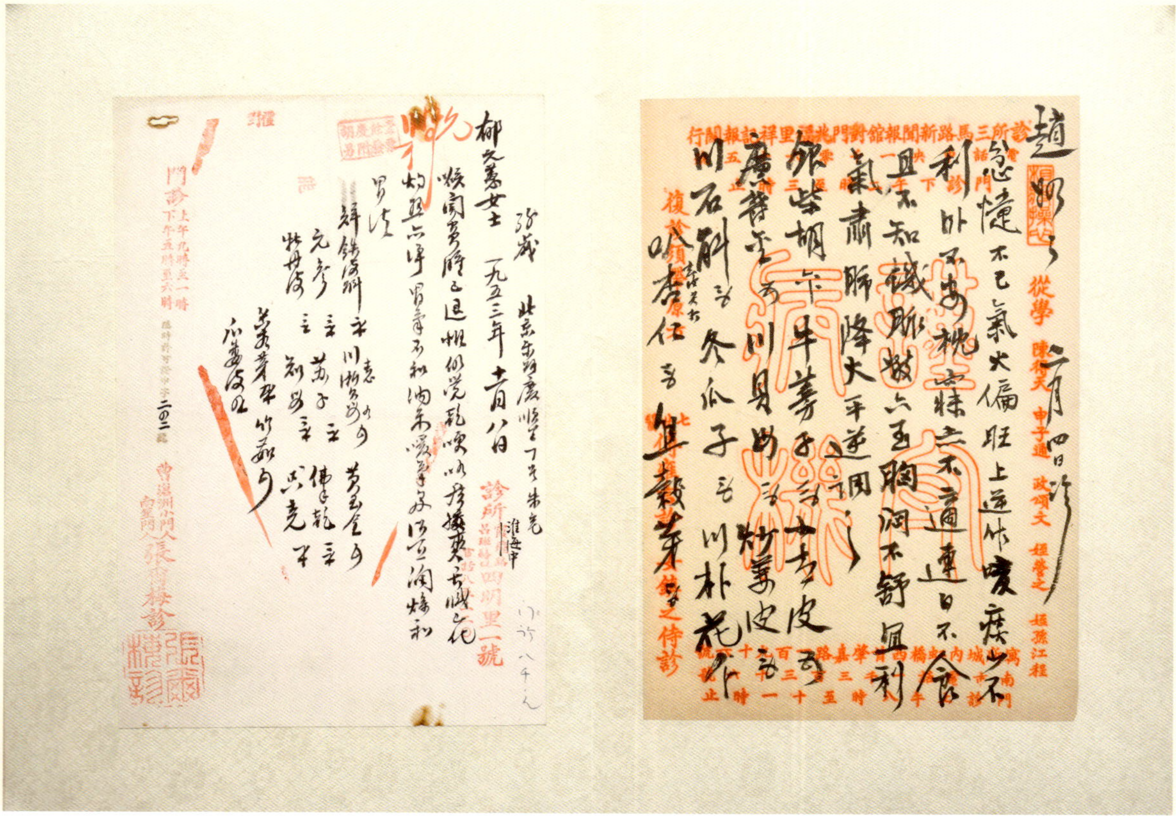

新安中医处方

20cm×24cm

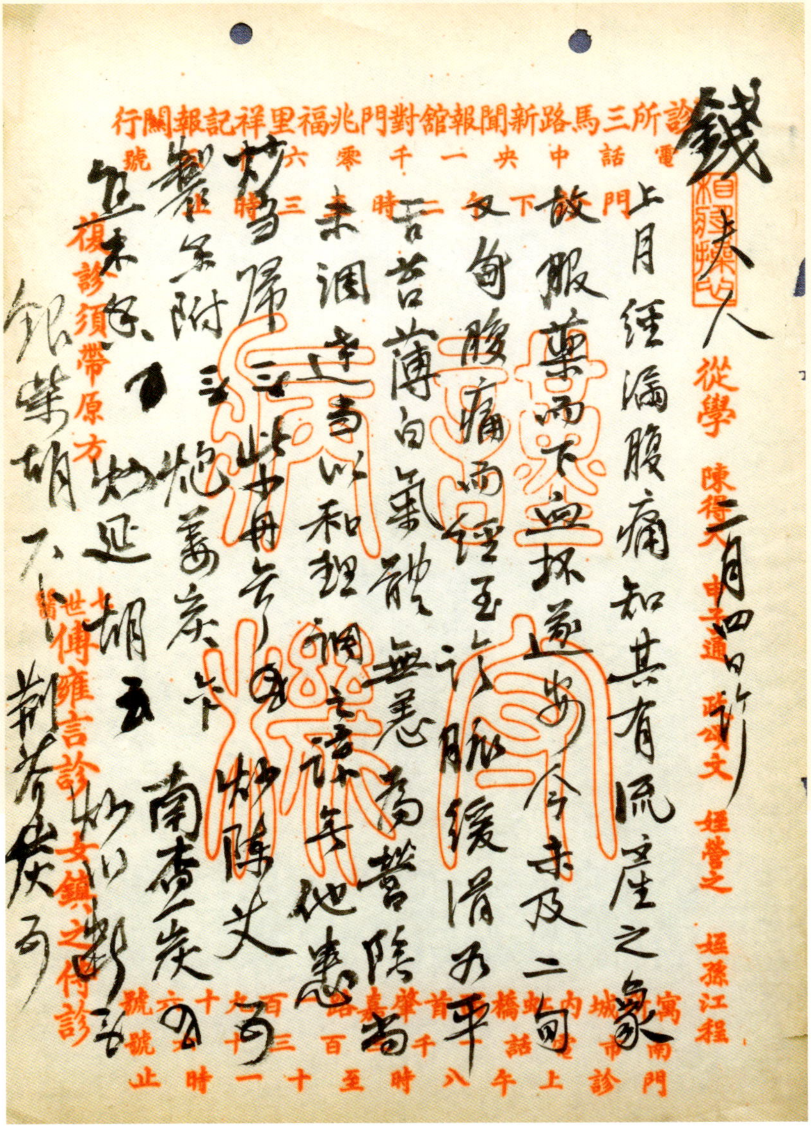

新安中医处方

20cm×24cm

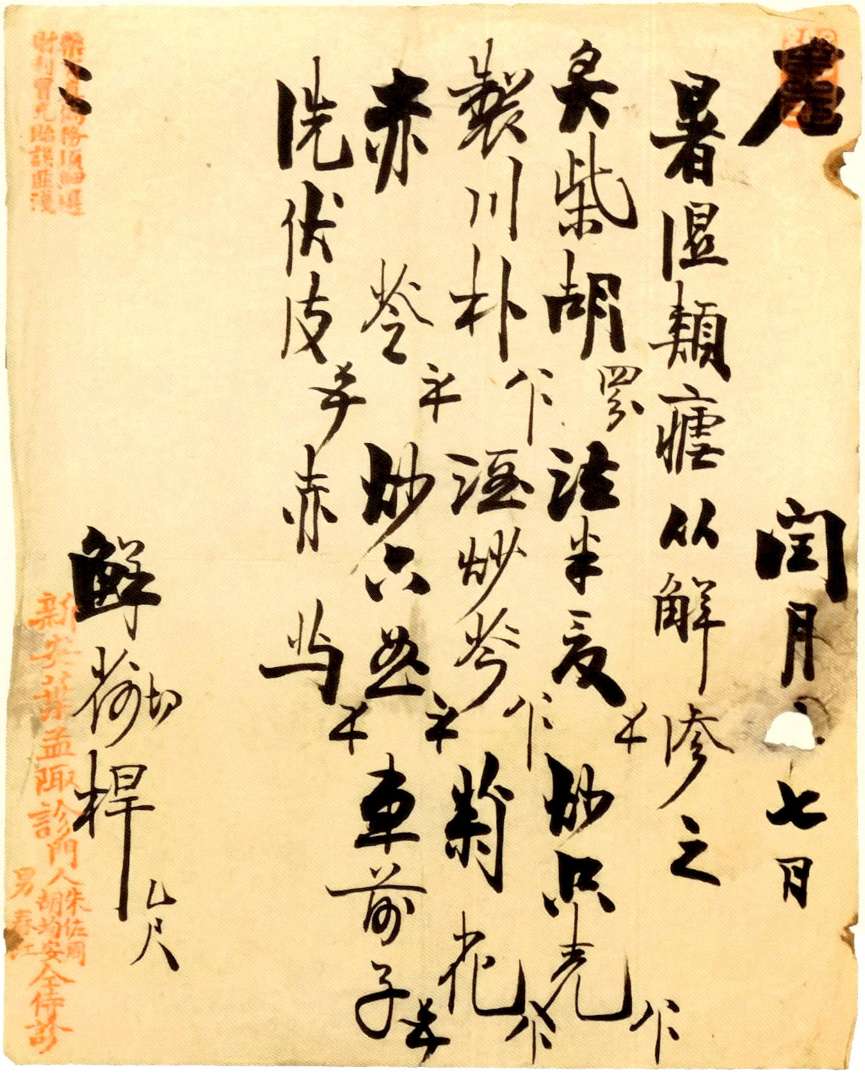

新安中医叶孟陬处方

21cm×27cm

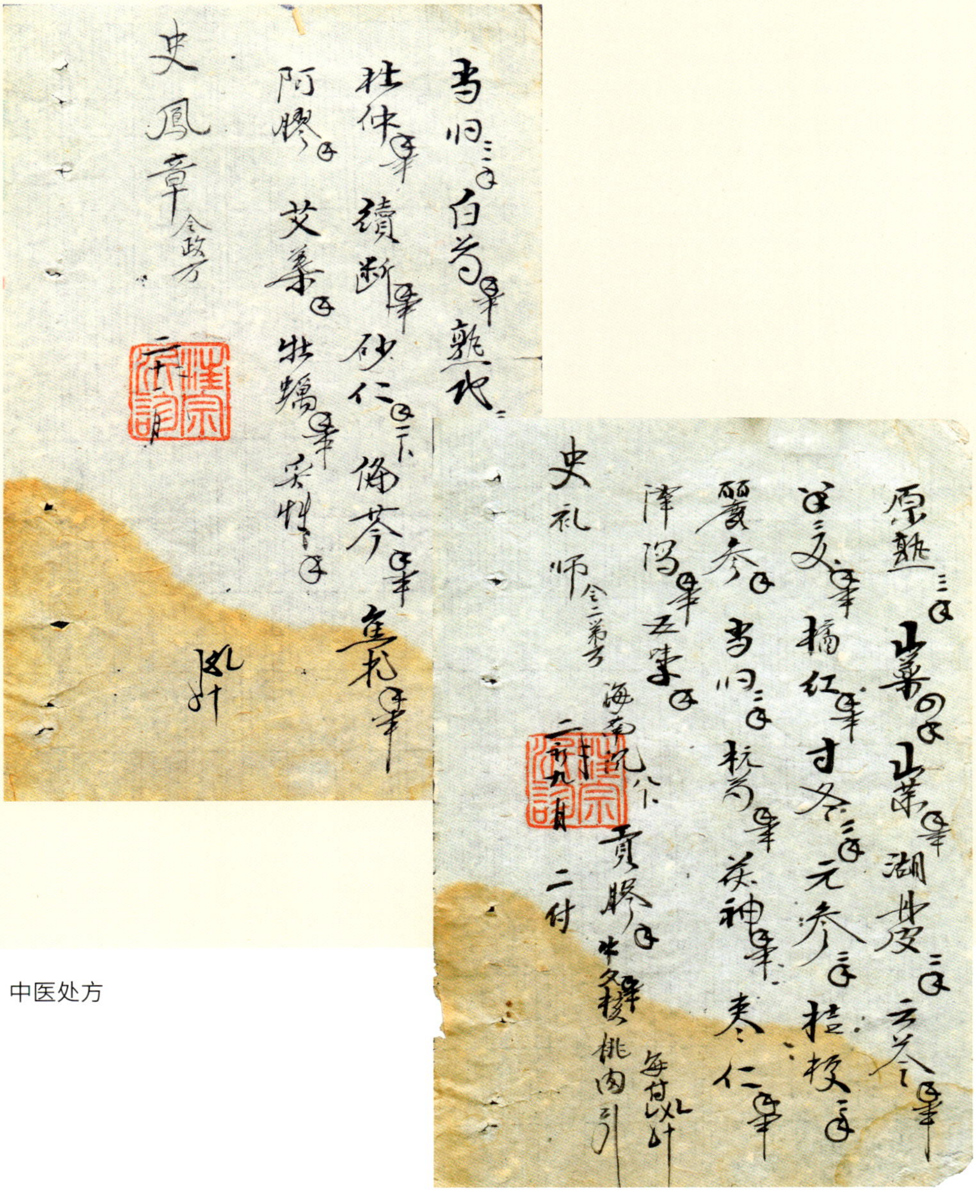

中医处方

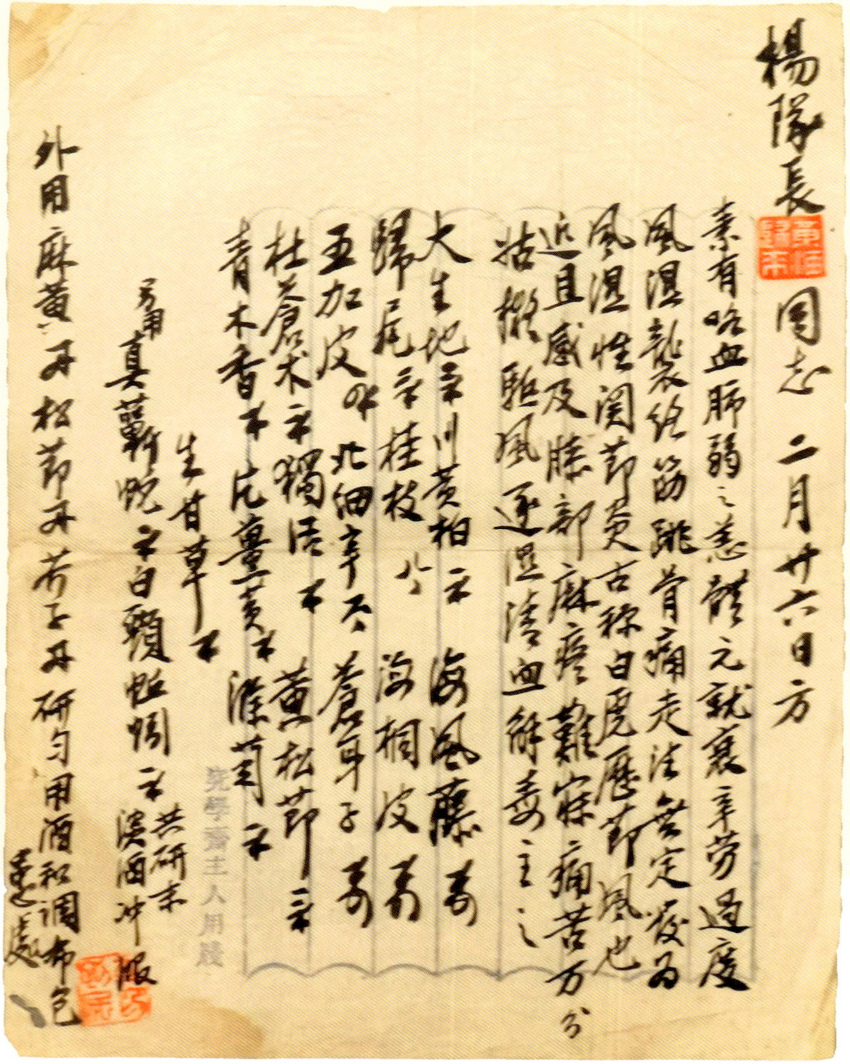
楊陽長同志　二月廿六日方
素有咯血肺弱之恙，體之就衰，辛勞過度
風濕襲絡，筋骨痛走注無定，發為
風濕性關節炎，古稱白虎歷節風也
近且感及腰部，麻痺難容，痛苦萬分
擬驅風逐濕清血解毒主之
大生地　川黃柏　海風藤
歸尾　桂枝　海桐皮
五加皮　北細辛　蒼耳子
杜蒼术　獨活　黃松節
青木香　[illegible]
生甘草
真蘄蛇　白殭蠶　共研末　溲酒冲服
外用麻黃　松節　[illegible]　研勻用酒和調布包　[illegible]處
究學齋主人用牋

新安中医郑初民（歙县名医）处方

21cm×27.5cm

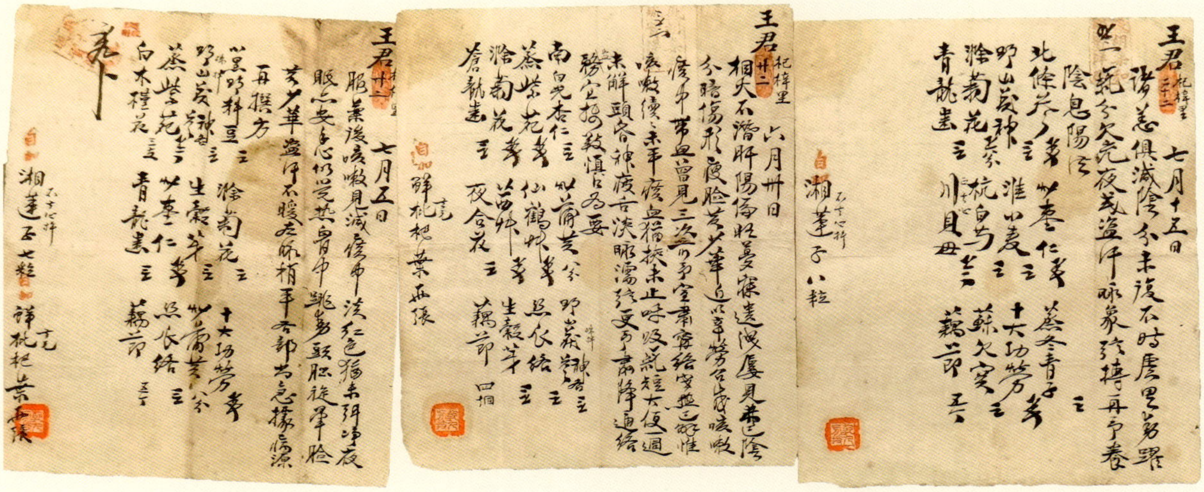

新安中医方乾九处方

20.2cm×24.5cm

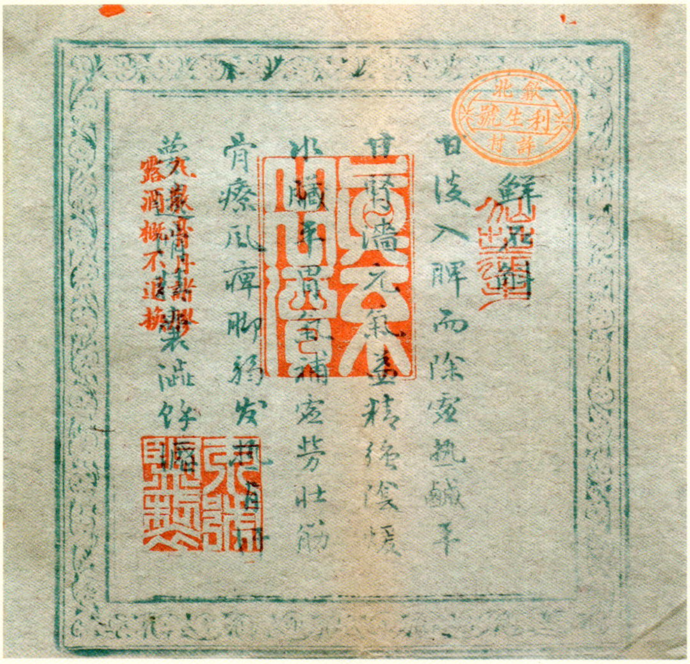

歙北利生号中药仿单

16cm×16cm

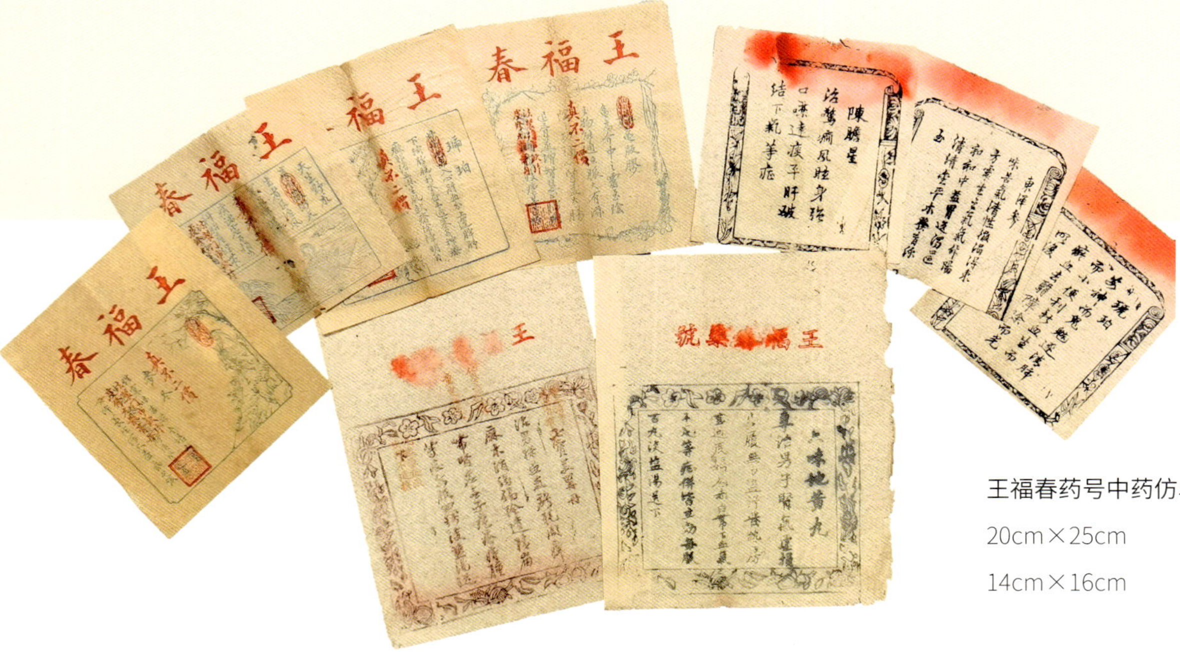

王福春药号中药仿单

20cm×25cm

14cm×16cm

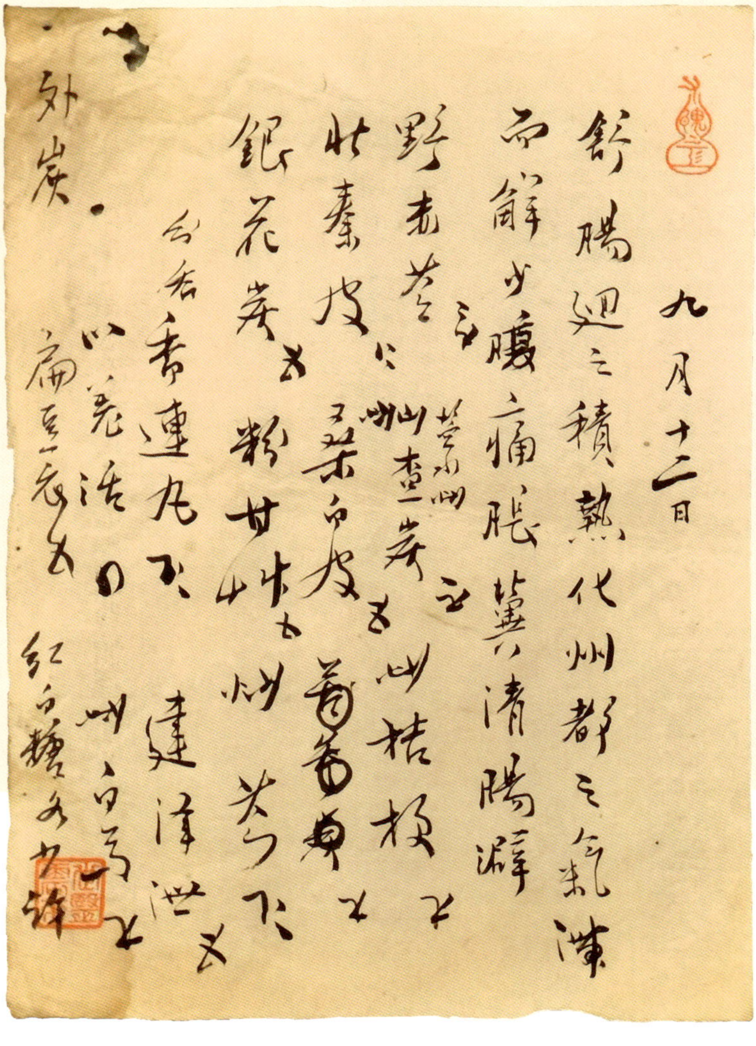

新安中医胡震来处方

18.5cm×26cm

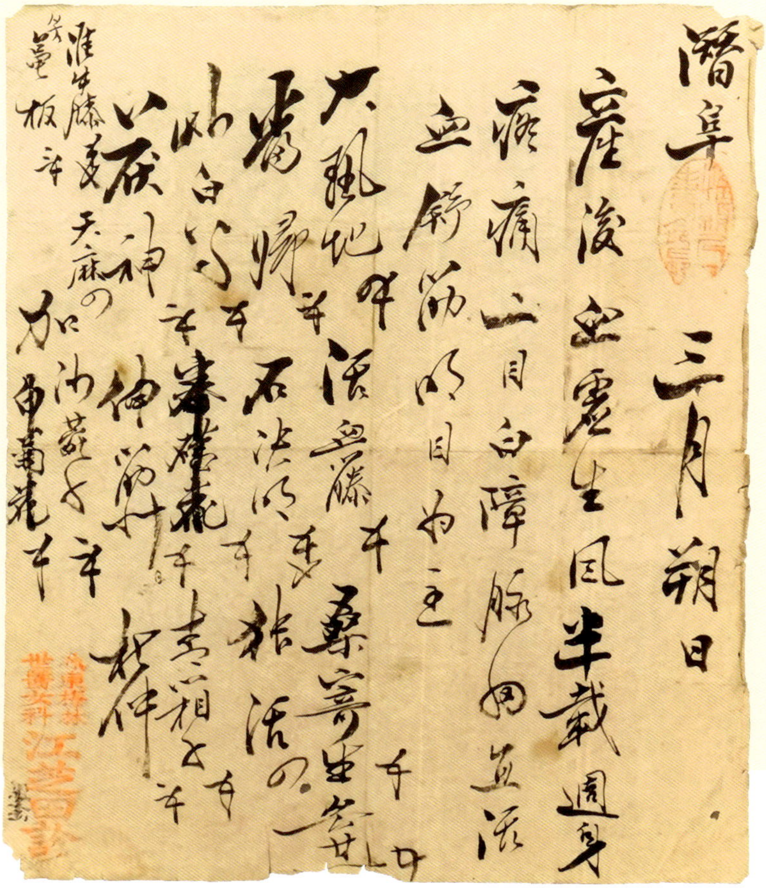

新安名医江芝田处方

20cm×24cm

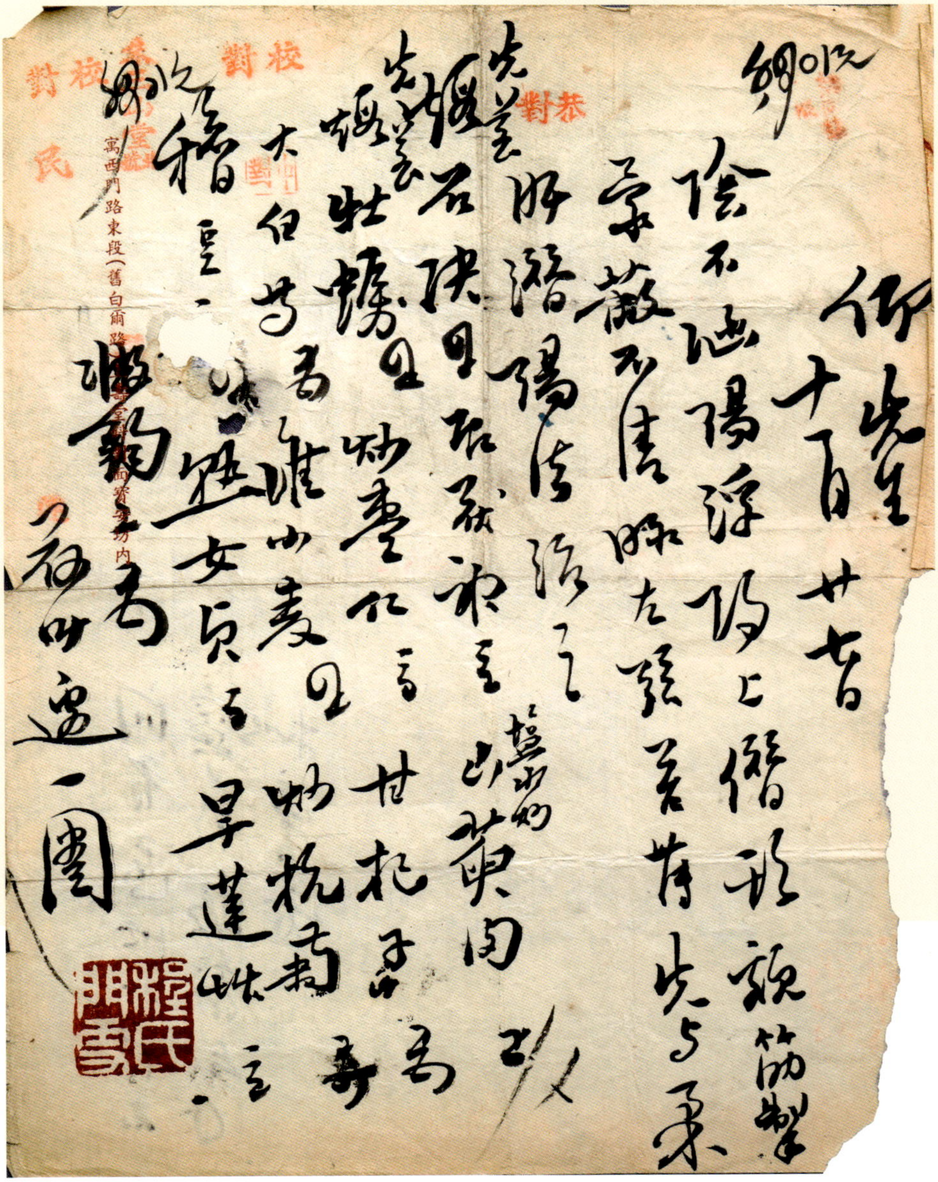

新安名医程门雪处方

20cm×28.5cm

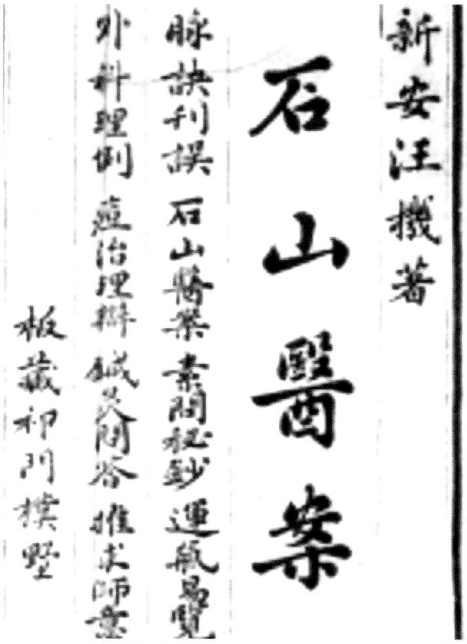
新安汪機著

石山醫案

脉訣刊誤 石山醫案 素問鈔 運氣易覽

外科理例 痘治理辨 鍼灸問對 推求師意

板藏祁門樸墅

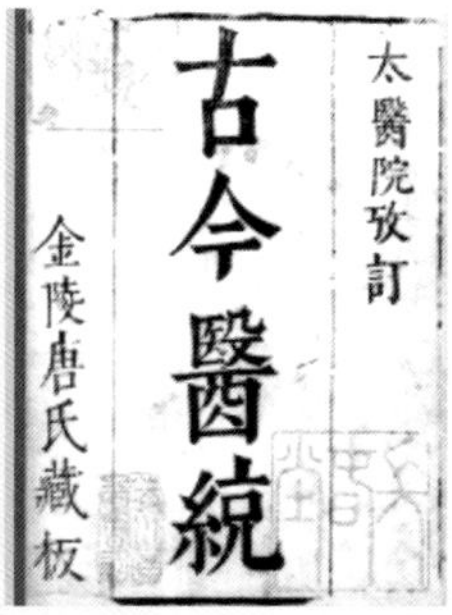
太醫院攷訂

古今醫統

金陵唐氏藏板

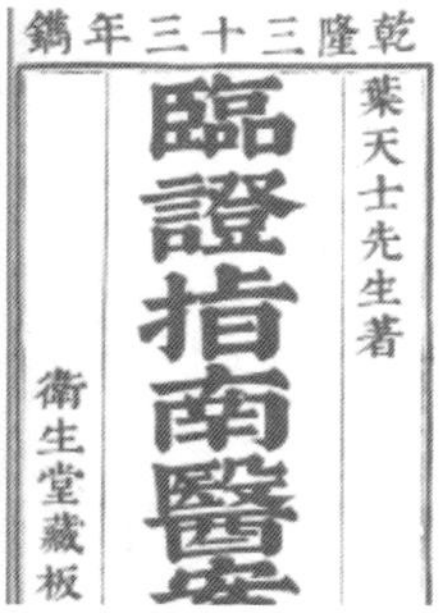
乾隆三十三年鐫

葉天士先生著

臨證指南醫

衛生堂藏板

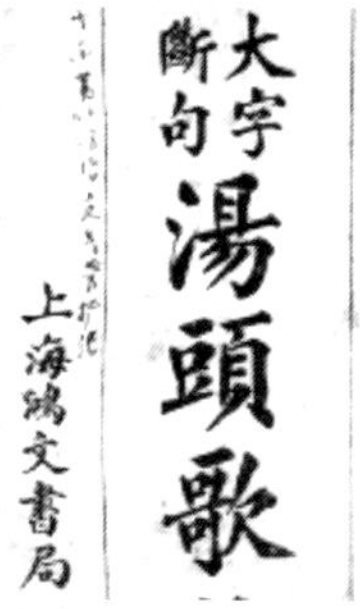
休寧汪昂訒菴輯

大字斷句

湯頭歌

上海鴻文書局

醫宗金鑑

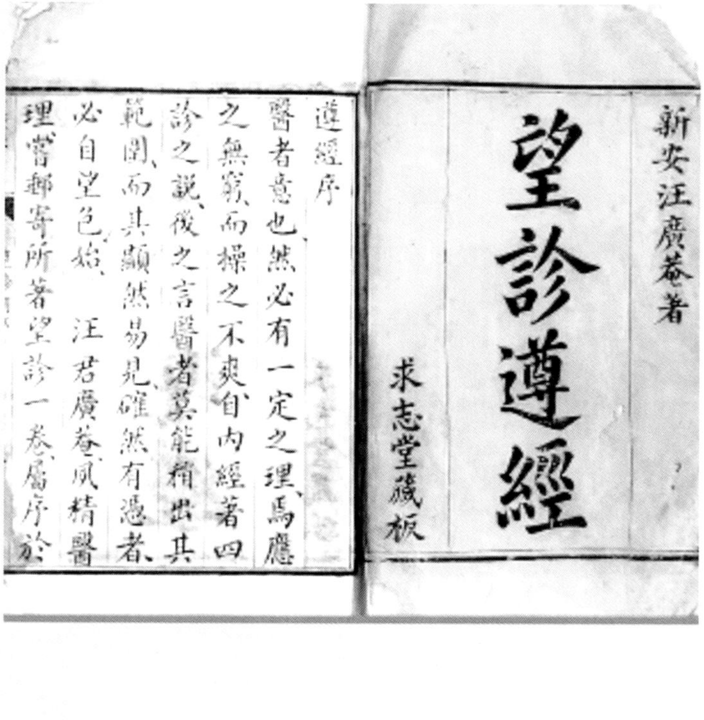
新安汪廣菴著

望診遵經

求志堂藏板

遵經序

醫者意也然必有一定之理焉歷之無窮而操之不爽自內經著四診之說後之言醫者莫能精出其範圍而其顯然易見確然有憑者必自望色始　汪君廣菴夙精醫理嘗郵寄所著望診一卷屬序於

杏林奇葩 医著璀璨

徽州新安医学肇始于宋，鼎盛于明清。自宋之张扩、张杲以来，新安医家有540余人，其中225人撰、辑医学著作460余部，部分医籍东传朝鲜、日本，影响之大，世所罕见。

南宋张杲的《医说》、明代吴崑的《医方考》、江瓘的《名医类案》等，皆为相关领域我国较早的医学专著。其中《医说》有“医林之珍海”之誉，并最早流传海外。汪机《石山医案》，融温补养阴于一炉，开“固本培元”流派之先河。方有执《伤寒论条辨》，专意错简，发“错简重订”流派之端。郑梅涧著《重楼玉钥》，创养阴清肺名方，为“养阴清润”派之鼻祖。汪昂《本草备要》《医方集解》《汤头歌诀》，程钟龄《医学心悟》等名作，风行海内外。更有徐春圃《古今医统大全》、程杏轩《医述》两部巨著，列入“中国十大医学全书”，垂范后世，厥功甚伟。

新安医学，名家辈出，不绝如缕；巨著皇皇，承先启后。造福杏林，泽被苍生。

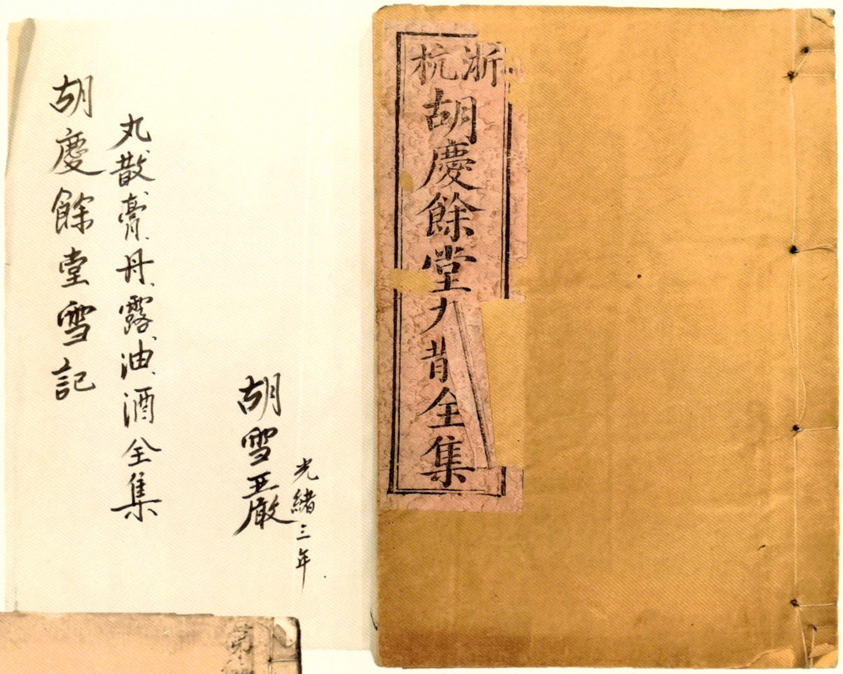

《浙杭胡庆余堂丸散全集》

清・刻本

16cm×25.4cm，高 4cm

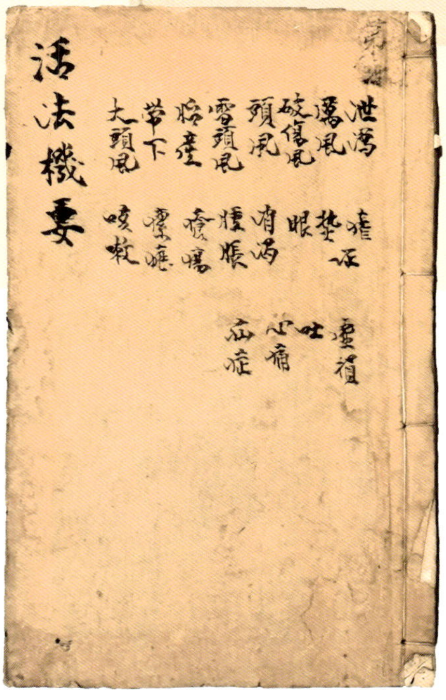

《活法机要》

明・新安名医吴中珩编校

明刻本

12.5cm×20.4cm，高 0.5cm

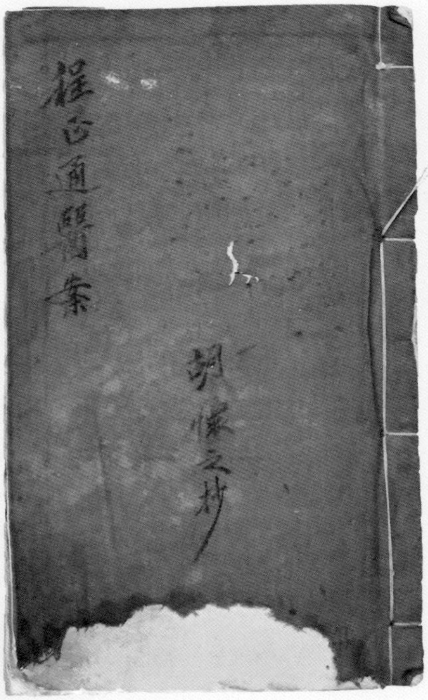

《程正通医案》

清·新安名医程正通编述

15cm×26.5cm，高 1.8cm

《伤寒论条辨》 方有执 清刻本

16cm×24.3cm，高 3.5cm（带匣）

明万历二十年（1592）方有执《伤寒论条辨》出版，这是首次重新编排《伤寒论》而形成的新体例，确立了“错简重订”说，拉开了伤寒学说百家争鸣的序幕。

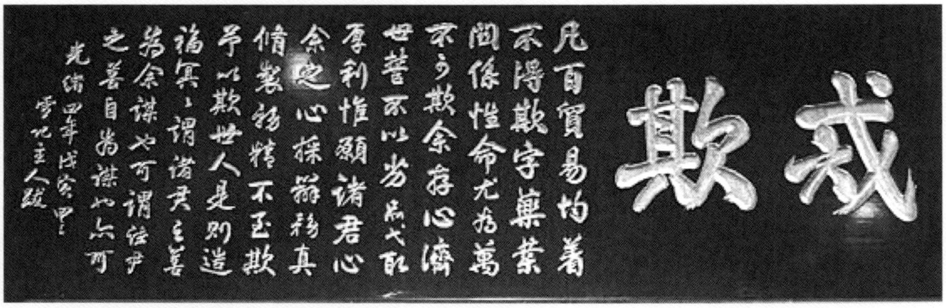
戒欺
凡百貿易均着不得欺字藥業關係性命尤为萬不可欺余存心濟世誓不以劣品弋取厚利惟願諸君心余之心採辦務真修製務精不至欺予以欺世人是則造福冥冥謂諸君之善為余謀也可謂諸君之善自為謀也亦可
光緒四年戊寅四月
雪巖主人跋

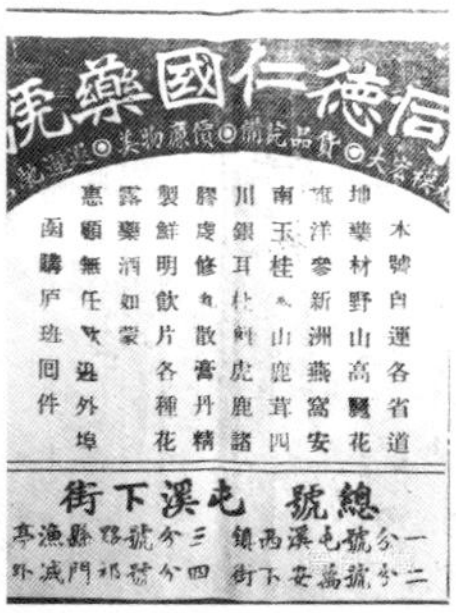
同德仁國藥號
總號 屯溪下街

上海 中西大藥房 發行
痰敵
明星香水
明星香水

葉開泰

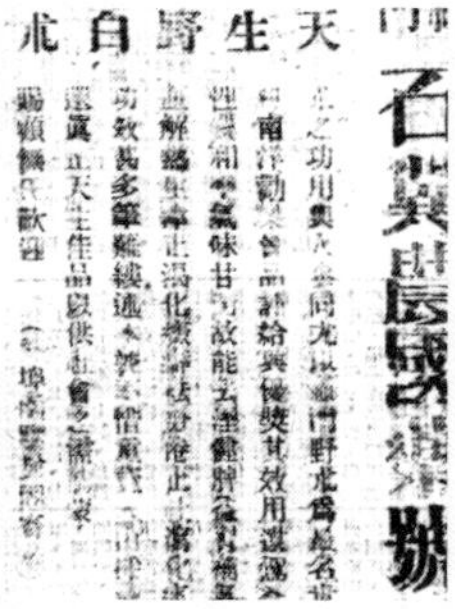

胡慶餘堂國藥號

真不二價

名貴地道藥材
橘井流香

守正创新 本草流芳

新安药肆，随新安医疗活动而创办发展。部分徽商跻身中药业经营，如苏州“养生堂”、扬州“天瑞堂药肆”、芜湖“永春堂”、杭州“胡庆余堂”、景德镇“叶开泰堂”等，均为新安商人所开创。

新安境内药肆星罗棋布。据民国前期资料统计，歙县有药店180余家，休宁54家，祁门32家，黟县21家，绩溪83家，弹丸之地的屯溪竟有13家之多。屯溪“老翼农”“同德仁”，歙县“胡集和”“元和堂”，北岸“葛天益”、深渡“姚大生”，休宁“大生堂”“慎德堂”，万安“胡森茂”，溪口“泰来堂”，五城“致和堂”，俱为颇具影响的药号。其业务不仅遍及境内乡镇，而且辐射江西、浙江临近县市。

药品质量直接关系着医疗效果和人身安全，不同于一般商品。从事药品经营的药商同其他徽商一样，多能恪守“以义取利”的儒风。每年派出“水客”前往产区或集散地购进道地药材，遵古炮制，虔修丸散，由“乡客”四乡推销本店产品。经营中不分贫富贵贱，一视同仁，与新安医家共谱新安医学之美名。

桑寄生、泽兰叶、刘寄奴、制狗脊、补骨脂、茯苓、当归、桃仁丸单（胡庆余堂雪记药号）

16cm×16cm（最大）

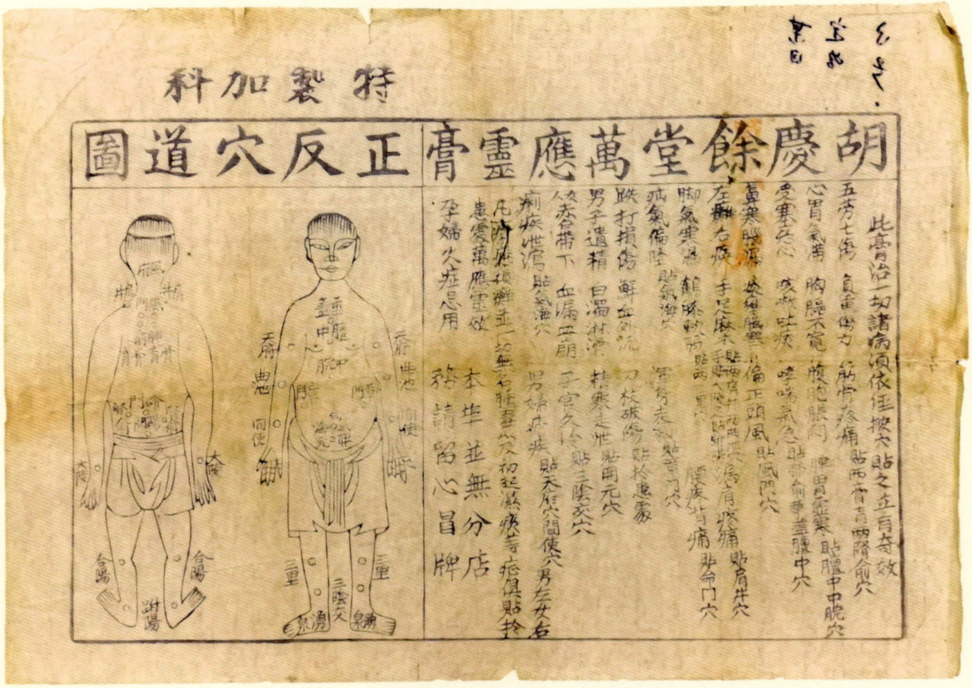

胡庆余堂万应灵膏及正反穴道图

29cm×20.5cm

清·胡庆余堂雪记药号仿单

20.5cm×21.5cm

註冊

慶餘堂雪記藥號

杜煎諸膠仿單

道用市秤
每逢(一二三四)年十五號
現洋便如
平日好如
凡售實洋
無折無扣

河車大造丸
歸腎丸
治濁固本丸

脾胃泄瀉類

金水六君丸
健脾資生丸
神效虎肚丸
直指香連丸

飲食氣滯類

沉香化氣丸
舒肝烏龍丸
定痛五香散
秘製益歡散
秘製鎮坎散
仲景安蚘丸
神效平安丸
萊連左金丸

痰飲咳嗽類

無價寶丹
竹瀝達痰丸
癲癇白金丸
虎睛丸

諸風傷寒類

人參再造丸

痧氣保和丸
擦牙益笑散
局方涼膈散
治痔臟連丸
神效濟生散
當歸龍會丸
黃連上清丸
清熱三黃丸
甘露消毒丹

婦科類

調經種子丸
千金止帶丸
千金保孕丸
婦寶寧坤丸
達產兔腦丸
九氣心痛丸
女科白鳳丸
玉液金丹
人參回生至寶丹
千金吉祥丸
種子濟陰丸
補元調經丸
八珍益母丸
調經養血丸

神香蘇合丸
牛黃鎮驚錠
使君子丸
小兒肥瘡藥
金蟾丸
七珍丸
一厘丹
兌金丸
小兒化痰丸
小兒滚痰丸
琥珀抱龍丸
育嬰化痰丸
太乙保元丹
神效保命丹
犀角解毒丸
縮泉丸

眼科類

八寶眼藥
進呈還睛丸
明目地黃丸
杞菊地黃丸
石斛夜光丸
神效燥眼藥
神效眼癬藥

喉症錫類散
外科蟾酥丸
立馬回疔丹
外科奪命丹
琥珀蠟礬丸
治毒紫霞丹
散毒萬靈丸
內消瘰癧丸
正骨紫金丹
千金不易丹
救苦玉雪丹
外科犀黃丸
三黃寶蠟丸
傷科八厘散
吹耳紅棉散
兩頰生香散
潤肌一元散
神效癩頭藥
神效癬藥
清涇紫金膏
瘰癧珠肝丸
新按消痞丸
芋艿丸
牙痛一粒笑

膏滋類

潞南黨參膏
真綿黃芪膏
金釵石斛膏
臞仙瓊玉膏
枇杷葉膏
兩儀膏
益母膏
雪梨膏
胡氏寒體延壽膏
胡氏熱體延壽膏
天麥二冬膏
夏枯草膏
金櫻子膏
代參膏
桑椹膏
豨薟草膏
玫瑰膏
十全大補膏
各種丸散膏丹花露藥酒不及細載

再者本堂由杭分申二十餘年選售各品俱臻上乘泡製丸散膏丹及杜煎諸膠無不嚴格頂真足以遠近顧客均許譽許逾年營業始終保持全國最高紀錄茲因顧客叠次要求特設電話購貨部接方送藥部便利顧客服務社會無論遠近不取送力手續簡便按送迅速如蒙惠顧請撥電話(總線)九七三七四號外埠郵購設有專部料理迅速隨到隨寄通函詢問更屬歡迎

賜顧諸君請認明北京路六六四號胡慶餘堂雪記庶不致悞

請撥電話九七三七四號(總線)

春恆承印

杭州分設上海胡
慶製丸散膏丹

政府

丸散膏丹膠油露酒出門概不退換名目繁多不及細載

祇有中杭兩家並無其他分店近有影戤牌號多家魚目混珠

本堂向設杭州大井巷歷有餘年自運各省道地藥材精製門市飲片虔修丸散膏丹杜煎虎鹿龜驢諸膠各種花露藥酒秘製痧藥辟瘟靈丹光明眼藥萬應靈膏精選毛角鹿茸吉林大山人參野山於朮法蘭洋參外洋官燕價真價實中外馳名為積充營業起見在上海設立分號聯絡諸君認明上海北京路石路西首坐北朝南石庫門內中堂伏奉 天醫神座不致誤

補益心腎類

參桂鹿茸丸　十全大補丸　大補全鹿丸　續嗣靈丹　六味地黃丸　千金補腎丸　長春不老丹　參茸衛生丸　八仙長壽丸　天王補心丸　男科八珍丸　扁鵲玉壺丸　荆公妙香散　健步虎潛丸　人參養榮丸　青娥斑龍丸　茸桂百補丸　柏子養心丸　補腎金剛丸　滋補大力丸　景岳右歸丸　景岳左歸丸

諸火暑溼類

牛黃至寶丹　聖濟大活絡丹　局方紫雪丹　局方牛黃清心丸　萬氏清心丸　靈寶如意丹　萬應錠　太乙來復丹　金匱鱉甲煎丸　藿香正氣丸　蟾酥痧氣丸　純陽正氣丸　八寶紅靈丹　諸葛行軍散　痧氣臥龍丹　萬應平安散　胡氏辟瘟丹　救急雷公散　痧氣奪命丹　二十四製青寧丸　三層茴香丸　大陷胸丸

婦科類

四物益母丸　當歸養血丸　大顆益母丸　四製香附丸　九製香附丸　內補養榮丸　婦科烏金丸　女科八珍丸　艾附煖宮丸　烏鯽骨丸　毓麟丸　婦寶勝金丹　葱白丸　胎產金丹

兒科類

鸕鷀涎丸　五福化毒丸　雞肝散　牛黃抱龍丸　珠黃琥珀丸　消疳肥兒丸　異方驪珠丸　九味蘆薈丸

光明水眼藥　賽空青眼藥　撥雲退翳丸　再造還明丸　明目上清丸　眼科濟陰丸　羊肝丸　保瞳丸　磁硃丸

外科類

犀黃醒消丸　神效嚟峒丸　梅花點舌丹　傷科七厘散　龍虎化毒丹　萬應喉症散　外科六神丸　大八寶丹　小金丹　聖靈解毒丹　離宮錠子　坎宮錠子　一粒珠

杜煎諸膠類

全副虎骨膠　四腿虎骨膠　純黑驢皮膠　龜鹿二仙膠　鹿角膠　麋角膠　毛角膠　鹿腎膠　霞天膠　黃明膠　龜版膠　鱉甲膠　虎頭膠

膏藥類

消痞狗皮膏　秘傳千捶膏　洞天毓真膏　萬應靈膏　陽和解凝膏　外科硇砂膏　三陰瘧疾膏　毓麟保胎膏

電話購貨部—●—接方送藥部

上海三

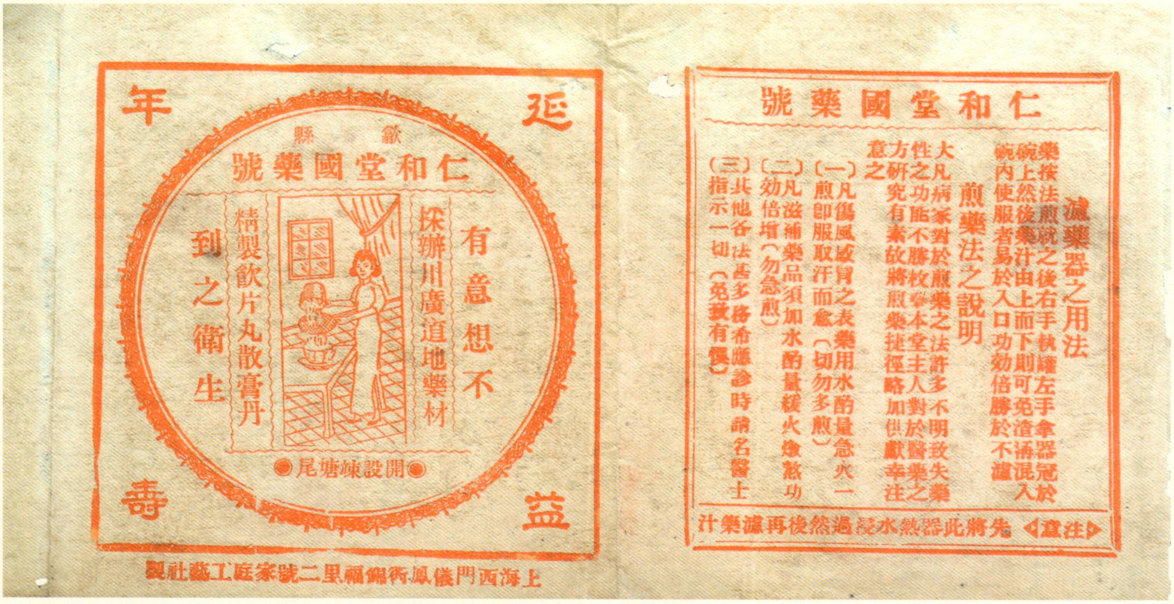

歙县仁和堂国药号中药广告（附滤药器用法说明）

20cm×10.5cm

上页图

杭州分设上海胡庆余堂雪记药号虔制丸散膏丹杜煎诸胶仿单

78cm×53.5cm

屯溪市国药商店

20 世纪 50 年代

19.5cm×21.5cm

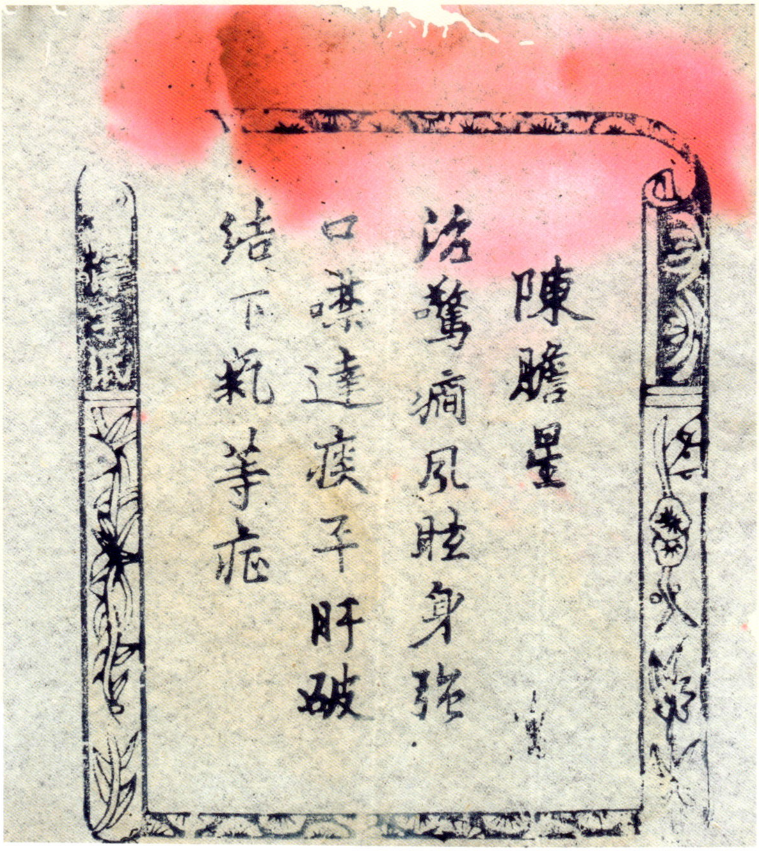

仿单 陈胆星

16cm×16cm

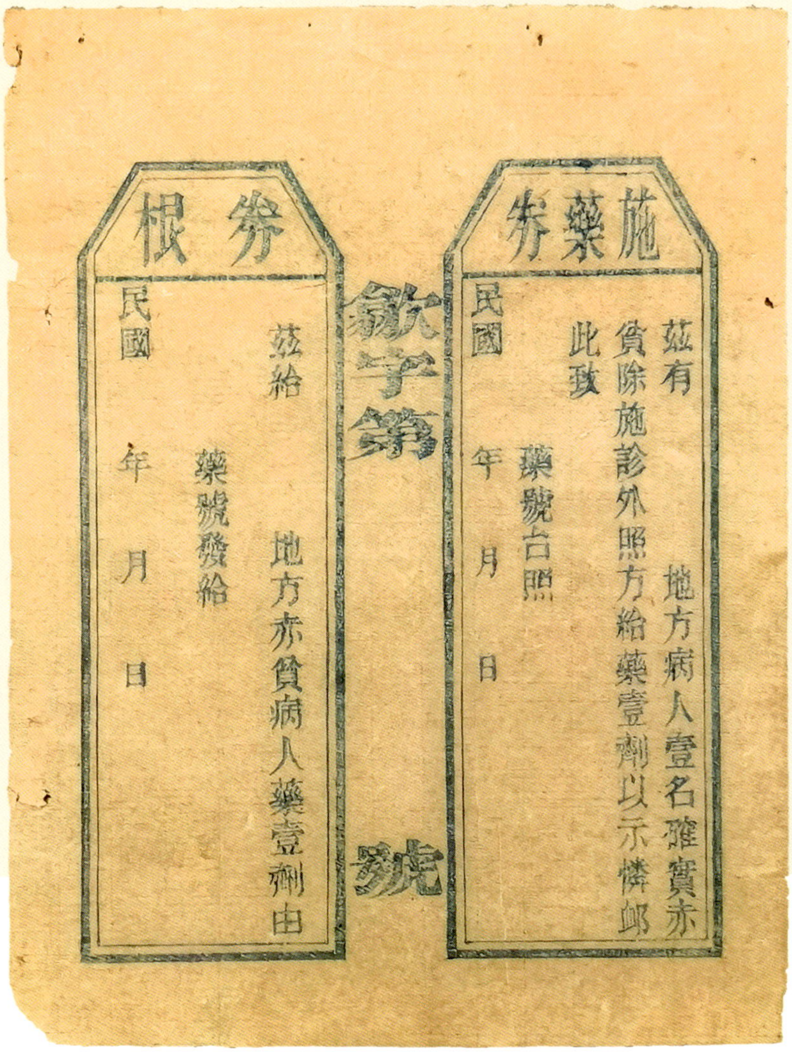

券根

茲給　地方赤貧病人藥壹劑由

藥號發給

民國　年　月　日

歙字第　號

施藥券

茲有　地方病人壹名確實赤

貧除施診外照方給藥壹劑以示憐恤

此致　藥號台照

民國　年　月　日

歙县慈善中医药号施药券

17.5cm×24cm

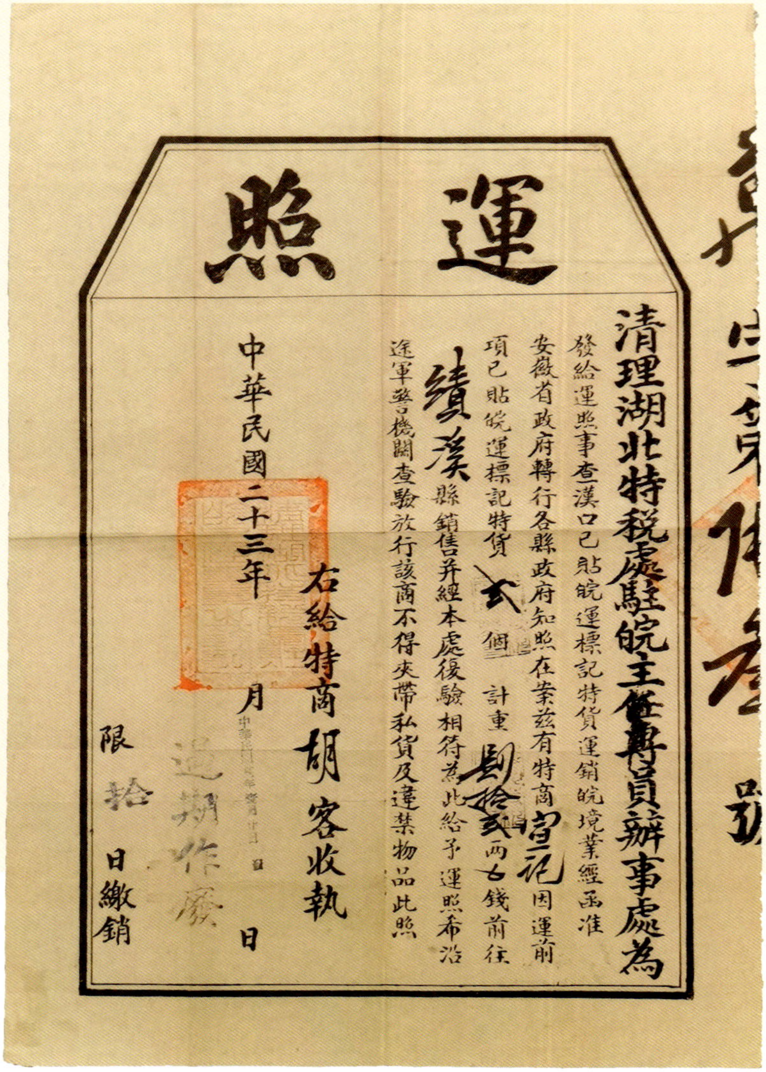
運照

清理湖北特稅處駐皖主任專員辦事處為
發給運照事查漢口已貼皖運標記特貨運銷皖境業經函准
安徽省政府轉行各縣政府知照在案茲有特商宣記因運前
項已貼皖運標記特貨貳個計重捌拾貳兩七錢前往
績溪縣銷售并經本處復驗相符為此給予運照希沿
途軍警機關查驗放行該商不得夾帶私貨及違禁物品此照

右給特商胡客收執

中華民國二十三年 月 日

限拾日繳銷

過湖作廢

民国二十三年（1934）中药川参运照

蕪湖川江宣記公司

注意 貨物俱經揀選 印花一律齊全 請君當面辨看 出門槪不退換

蕪湖二街馬路口寧淵槪下首

發奉

雜洋不收 稅費自理

参 箱 件 元共毛

價 合計現洋

寶號台照

先生

中華民國 年 月 日

川江宣記公司發票

支取銀洋 另有圖記

运照（附件）

民国二十三年（1934）芜湖川江宣记公司中药川参发货单

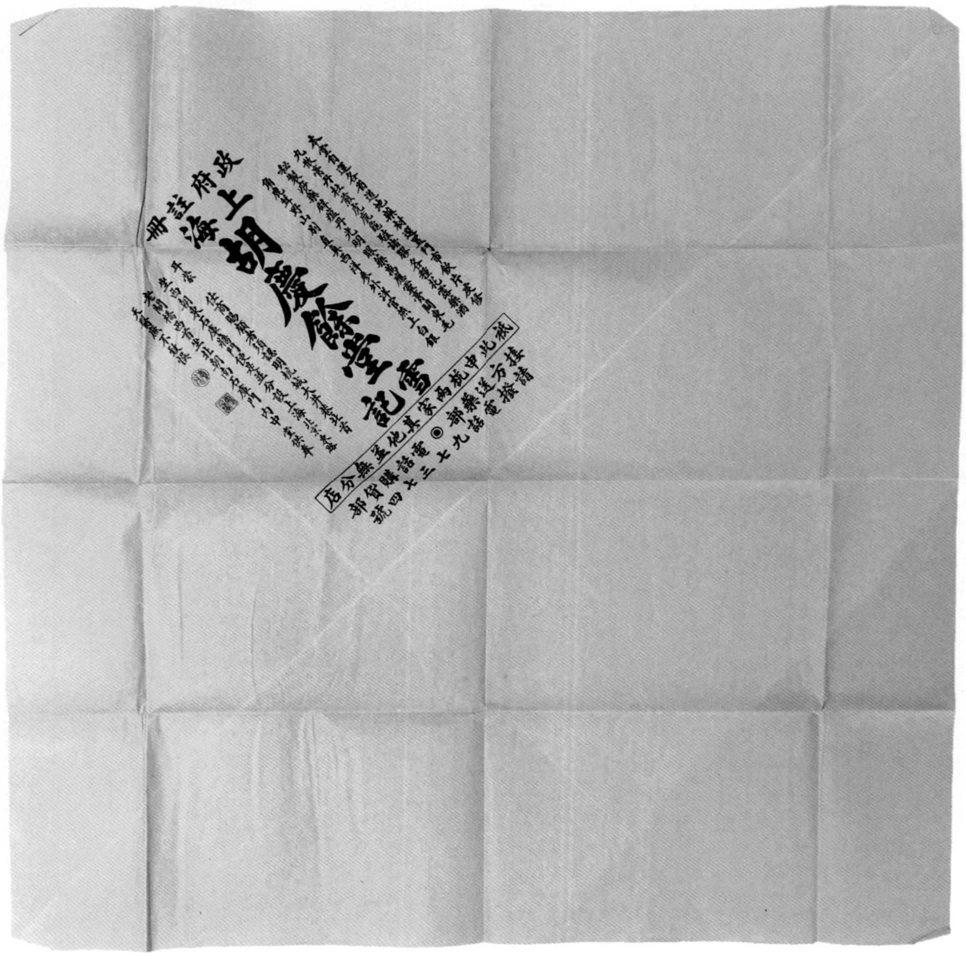

上海胡庆余堂雪记药号包装广告

78.5cm×78.5cm

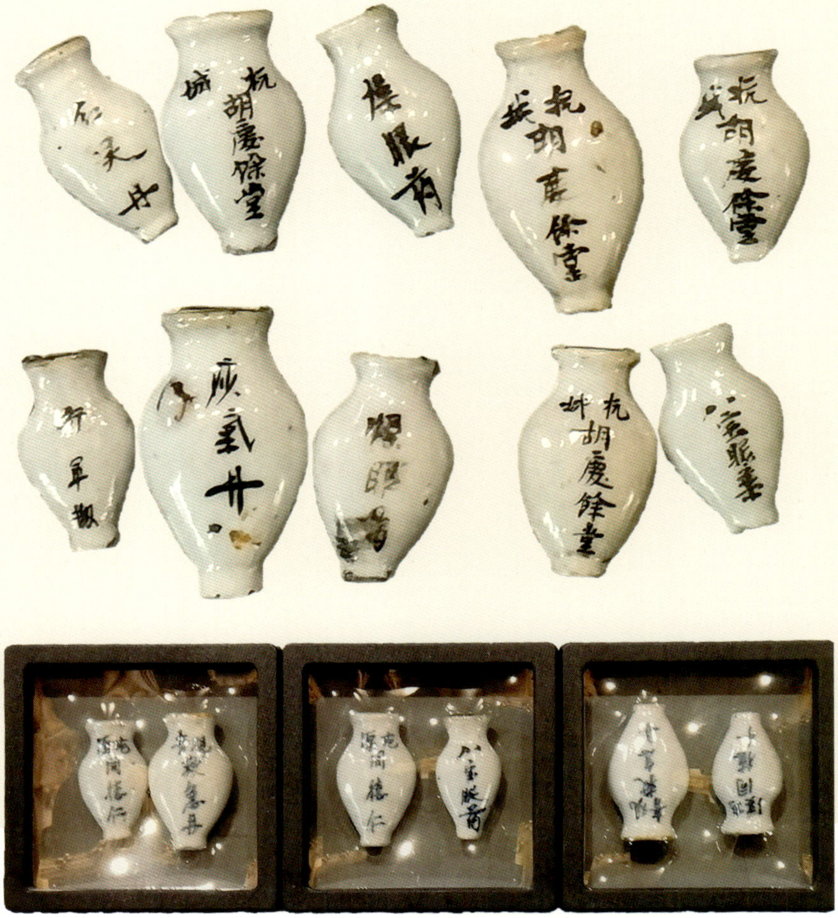

清・屯溪同德仁药号青花小药瓶

5cm×3cm（最大）

徽州乡愁文摘

我久离家乡，远居北国，但很关心徽州经济、文化及各项事业的发展，也关心徽州学研究的进展。常常对来京亲友交谈一些看法，自知一隅之见，无关大局，只是说说而已。拜读您的大作，都能打动我的乡思，黄山练水，时萦梦寐。真得感谢您的精神所赐，使我对家山家水的美好的回忆，而乐亦在其中。

——汪世清《致罗来平函》

我深深地怀念着，我们下屋坦前那棵壮丽、金黄色的桂花树，每当每年金秋佳节来临时，也可说是丹桂飘香时，我沉醉在那扑鼻清香里。梦幻何时香再来？如今树去无踪影，无处觅芬芳！

——张逢铿《家书》

我是徽州人，徽州人素来号称“徽骆驼”，骆驼长年在沙漠中默默地、艰难地前进，除非倒毙在路上，否则是不会停止自己的脚步的。

—— 郭因《我是徽州绩溪人》

皖南之秀美不独黄山一隅。徽杭高速公路沿线便集中了无尽的风景，似一幅幅水墨画铺陈于天地之间。没有机会专程来此旅游的人，只是乘车从这里驶过，也会被车窗外的景色所吸引，目不暇给，赞叹不已。然而，每次从这条路上经过，牵我思绪者，不是那如画的山水，而是临近屯溪的一处不起眼的村庄，因为在那里我曾度过了五年知青生活。

——方宁《知青生活散记》

21 世纪以来，我有机会多次回到万安，旧市、涨山铺、桑园、水南桥，方言乡音、情深意长；万安老街修葺重现，踏着那熟悉的石板路，在房东潘娇仂老房旧址前留个影，寻觅中街老吴的邮局，到复建的吴尔宽私塾馆探访当年不知道的陶行知的故事……

四十多年过去了，万安插队经历须臾不忘。看不够啊，万安的秀丽、厚重，思不尽啊，万安人的聪慧、深情。

——朱小蔓《直把万安作故乡》

肆

皖人书画 精彩纷呈

安徽，地处华东腹地，襟江带淮，历史悠久，人文荟萃，是著名的文房四宝之乡。

丰厚的文化土壤，孕育了大批书画名家，留下了大量传世名作。

明末清初，安徽绘画领域空前繁荣，画派林立，各具特色。

黄山有以渐江为首的新安画派，淡墨轻岚，以简练笔墨勾勒山水骨气。

安庆有以方以智为代表的桐城画派，以秃笔焦墨写枯山寂水，笔简意赅，寄托遥深。

芜湖有以萧云从为代表的姑孰画派，气象萧散，技法灵便，画面变化无穷。

宣城有以梅清、石涛为代表的宣城画派，线条经纬明快，画面恬适流畅。

安徽北部萧县则有以萧龙士为代表的龙城画派，阔笔写意，泼辣豪放，呈现典型的大写意画风。

彼时安徽画坛蜚声海内，对后来的扬州画派、海上画派和岭南画派俱有相当影响。

同时，安徽地处南北要冲，成为南北文化交流中介、四方艺术集散中心，

形成了书法、版画、篆刻等门类中独树一帜的艺术流派，

共同构筑了安徽艺术的独特魅力，徽风皖韵，流芳天下。

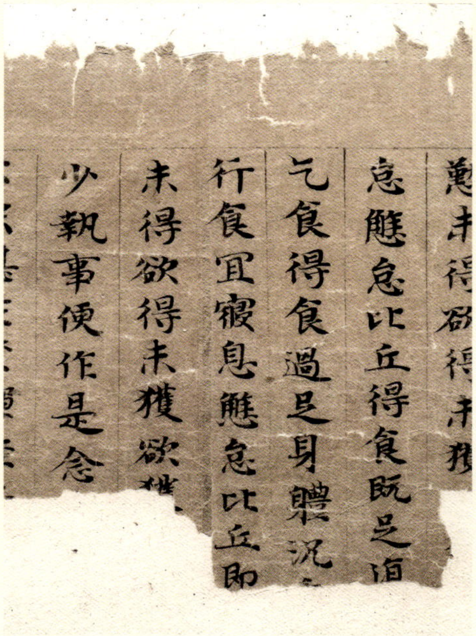

蔥未得欲得未獲
息懈怠比丘得食既足佰
乞食得食過足身體況
行食宜寢息懈怠比丘眠
未得欲得未獲欲
少執事便作是念

翰墨丹青 徽风皖韵

安徽画坛，名家辈出，古有李公麟、丁云鹏、渐江、萧云从等大家，近有萧龙士、孔小瑜等“安徽八老”，闻名遐迩，境外画家慕名而来，群贤毕至，以画会友，共成艺坛佳话。

刘开渠，中国现代雕塑事业的奠基人，其作品熔中西雕塑手法于一炉，造型简练、准确、生动。孔小瑜，擅长花卉博古，广涉鸟兽鱼虫，呼之欲出，无所不精，为“海上画派”代表之一……名家云集，佳作荟萃。于此，不仅可以欣赏大家名作，亦可感受安徽地区深厚的文化底蕴，更可窥见本土、域外画家相与激荡、各开天地的创作之路。

此外，中央及地方领导人关心、支持安徽文化事业发展，亲笔题词，鼓舞人心。

窥斑见豹，以小见大，安徽尤其是徽州地区的画派风格、艺术成果等，由此约略可知，对促进艺术交流、推动安徽文化事业发展，大有裨益。

行书七言联

吴雪

23cm×134cm

吴雪（1959— ），安徽蒙城人。中国书法家协会理事、中国书法家协会创作委员会委员，安徽省书法家协会主席。吴雪作品风格天真烂漫，无拘无束，平淡自然，豪纵奇逸，洒脱率真，风姿跌宕，极富新意。

云表奇峰

孔仲起

43.2cm×67.3cm

孔仲起（1934—2015），原籍浙江慈溪，出生于上海，名庆福，字仲起。历为中国美术学院教授、学位委员，中国美术家协会会员，西泠印社社员，联合国国际美育学会理事，享受国务院特殊津贴。

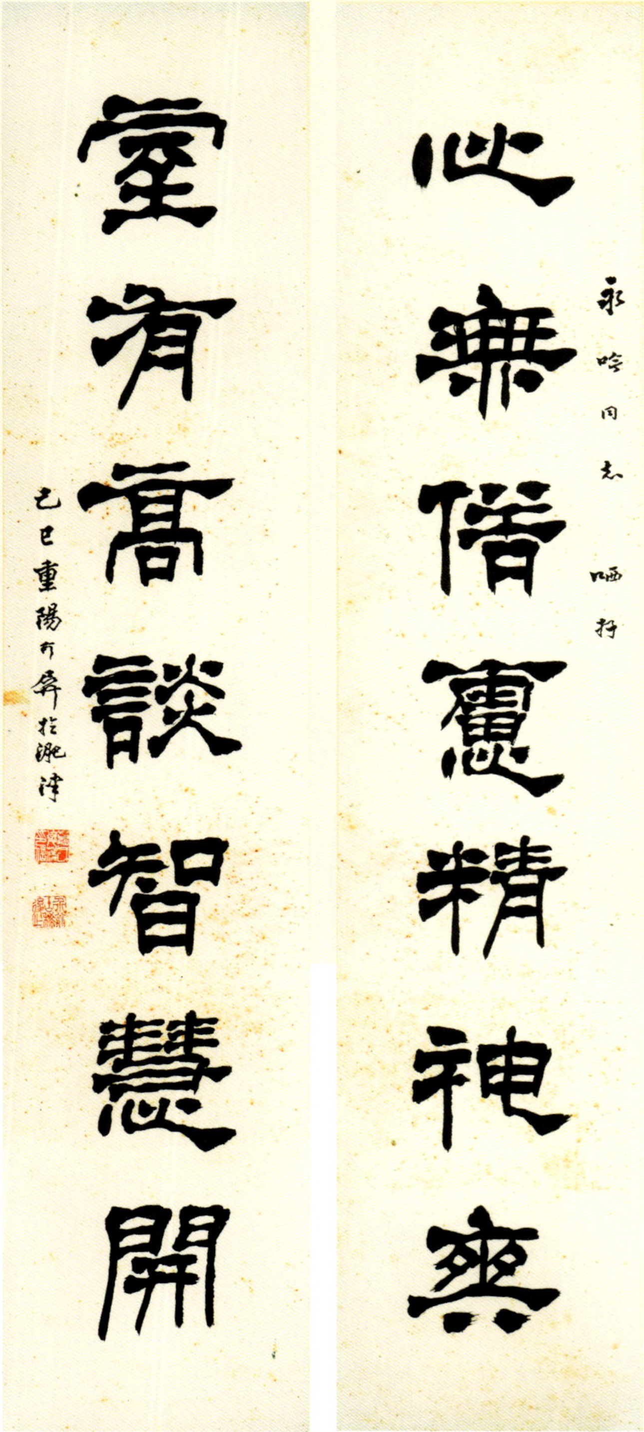

隶书七言联

葛介屏

23cm×109cm

葛介屏（1912—1999），安徽合肥人，当代著名书画家、金石篆刻家、诗词学家和文物书画鉴定家。书法善四体，尤擅篆、隶，风格质朴苍劲，严谨端庄，古朴中见妩媚，骨力中见秀丽，风貌别具；篆刻则溯源于秦汉，又取浙、皖两派之长。

书法五言联

刘夜烽

34cm×102cm

刘夜烽（1920—2004），江苏宝应人，原名文忱，字蕙风，笔名夜烽、蕙风、抑锋，别号樵园、竹庐、暗香室主人、无半车书斋主人。中国书法家协会第一、二届委员会理事，安徽省书法家协会名誉主席，中华诗词学会常务理事，安徽省文联顾问，安徽省诗词学会会长，国家一级美术师。

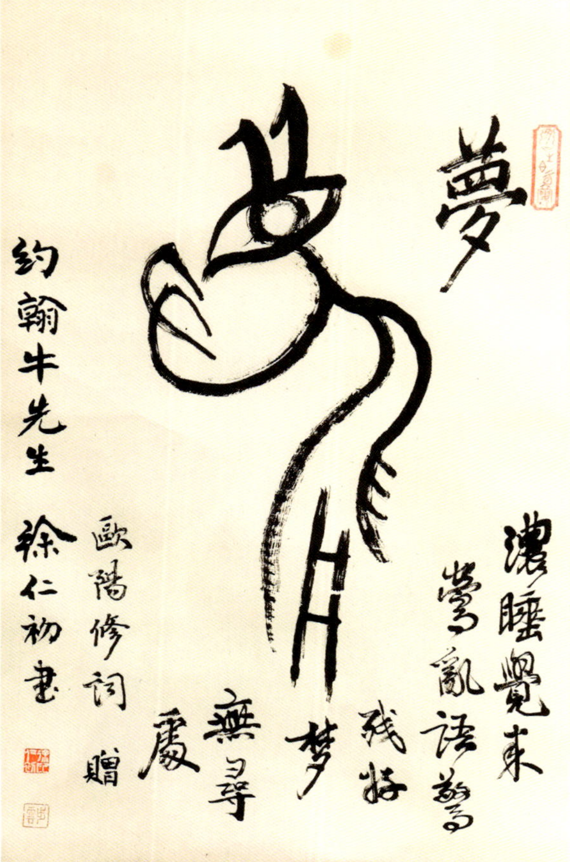

梦

徐仁初

41.7cm×66.5cm

徐仁初（1917— ），安徽歙县人，著名学者许承尧女婿，民国时拜黄宾虹为师，善书画，精诗词，收藏亦颇丰，为金石书画研究会“莼社”成员。

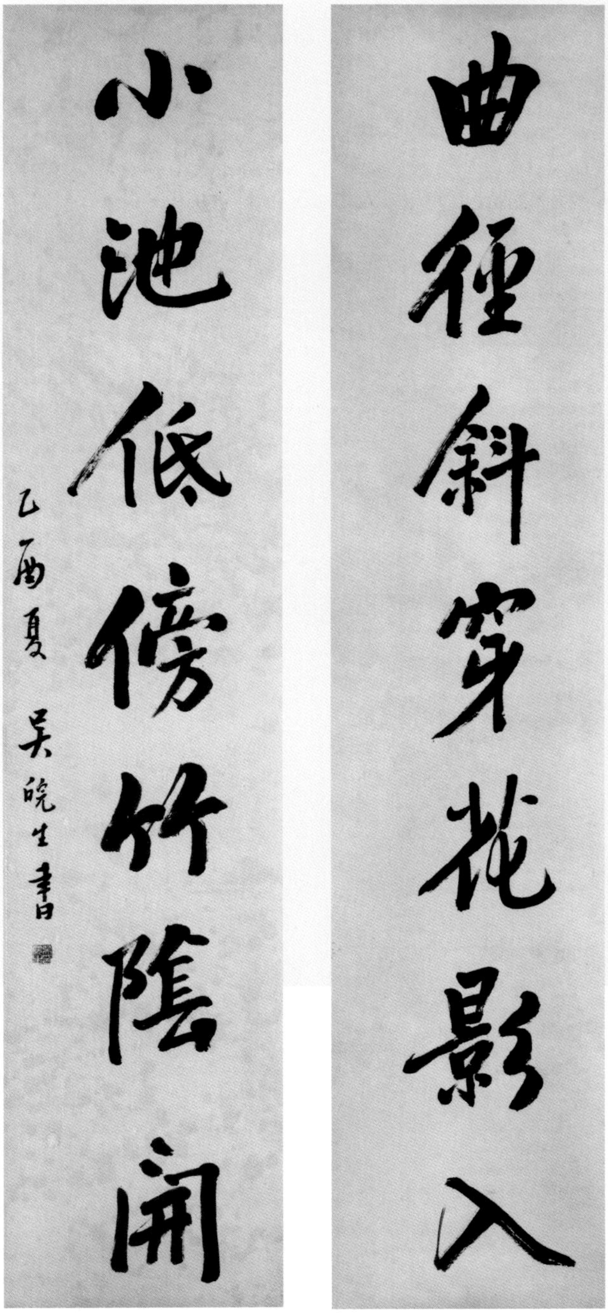

七言联

吴皖生

37.5cm×170cm

吴皖生（1897—1990），字亦楚，安徽歙县人，善画兰竹，幼时受清代著名画家吴子嘉影响，其擅长山水、竹石、兰菊，尤工墨竹。生前有“几生修到梅花”闲章，见得意之作，即钤此章。

书法条幅

杜宏本

45.5cm×67.5cm

杜宏本（1924—2023），北京人，曾任安徽省人大常委会副主任，中国书法家协会会员。

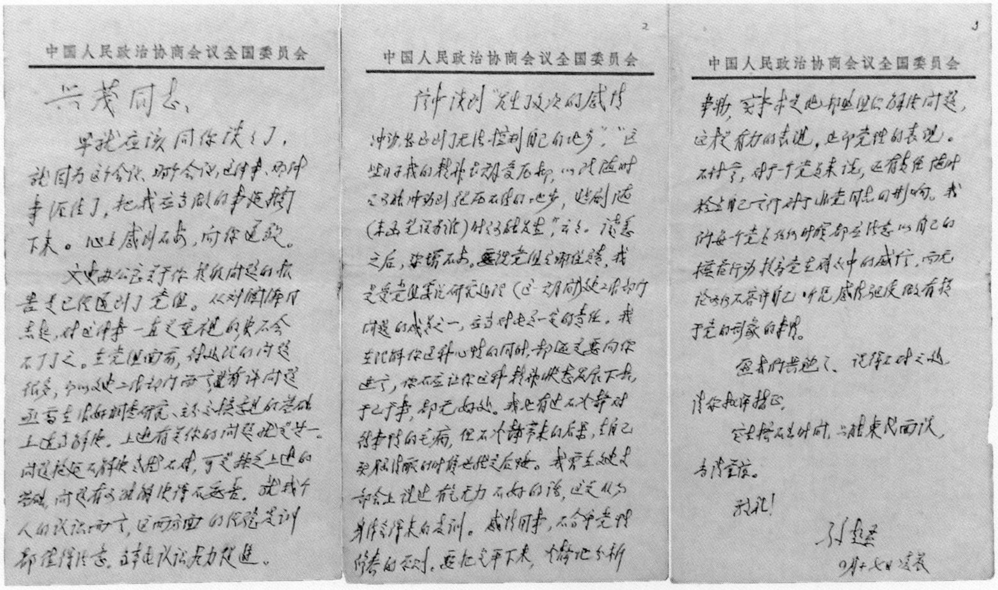

中国人民政治协商会议全国委员会

兴茂同志：

[illegible]

下来。心里感到不安，向你道歉。

[illegible]

2

中国人民政治协商会议全国委员会

[illegible]

3

中国人民政治协商会议全国委员会

[illegible]

敬礼！

孙起孟

[illegible]

致兴茂信札一通三页

孙起孟

10.5cm×19cm

孙起孟（1911—2010），安徽休宁人，中国民主建国会和全国工商联的卓越领导人，老一辈民主党派领导人，曾任第七、八届全国人大常委会副委员长。

书法五言联

程风子

24.5cm×111cm

程风子（1962—2019），安徽阜南人，原名程春风，斋号闻梅堂、玄壶居，擅长中国画、书法、篆刻。国画以山水见长，取法蒲华、石涛、黄宾虹等，后深造于北京画院，师从杨延文，作品率意洒脱，妙趣横生；书法初习苏东坡、黄庭坚与汉魏碑刻，后于徐生翁书法、敦煌遗画用功最勤，篆刻多取法陶文、汉将军印。

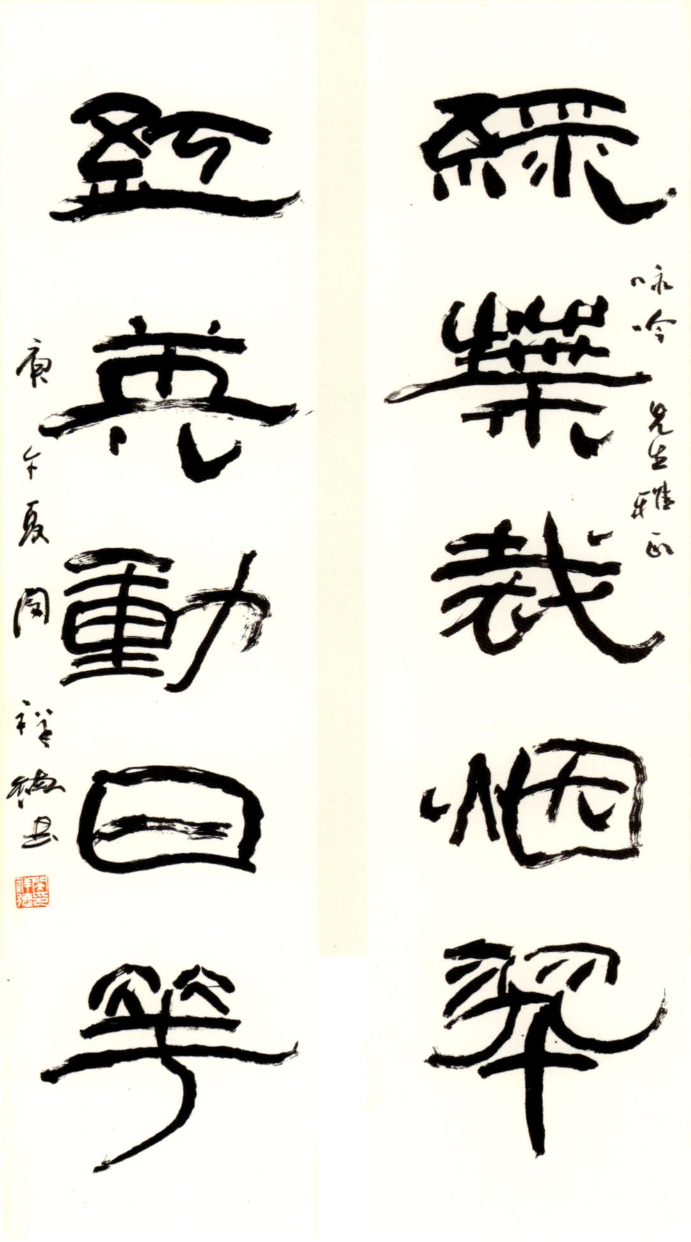

隶书五言

闵祥德

34.5cm×134cm

闵祥德（1949— ），安徽宿州人，现为国家一级美术师、国务院特殊津贴享受者，中国书法家协会会员、安徽省书法家协会副主席兼学术委员会主任、南京财经大学教授、中国文联书画艺术中心副主任。

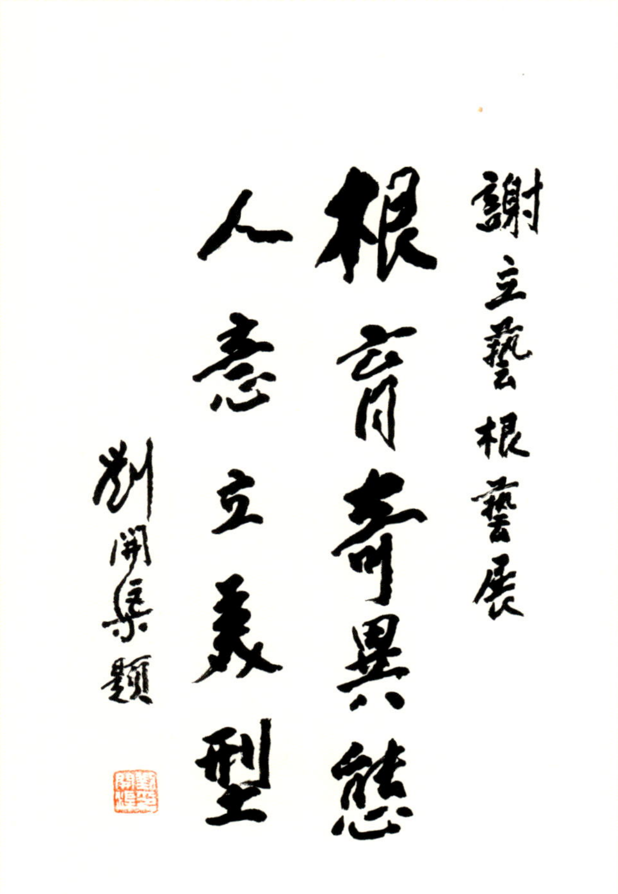

题字

刘开渠

46cm×68cm

刘开渠（1904—1993），安徽萧县人，美术教育家，雕塑家。早年毕业于北平美术学校，毕业后任杭州艺术院图书馆馆长。后赴法国，入巴黎国立高等美术学院雕塑系学习，归国后任杭州艺术专科学校（中国美术学院）教授。其作品熔中西风格于一炉，手法写实，造型简练、准确、生动。先后任杭州艺术专科学校校长、杭州市副市长、中央美术学院华东分院院长、中央美术学院副院长、中国美术馆馆长、中国美术家协会副主席，并担任全国政协委员、民盟中央文化委员会主任等。著有《刘开渠美术论文集》，出版有《刘开渠雕塑集》《刘开渠雕塑选集》等。以其名字命名的刘开渠奖、刘开渠根艺奖，分别代表着中国雕塑界和中国根艺美术界的最高奖项。

树

刘开渠

40cm×31.5cm

石

刘开渠

30.5cm×34cm

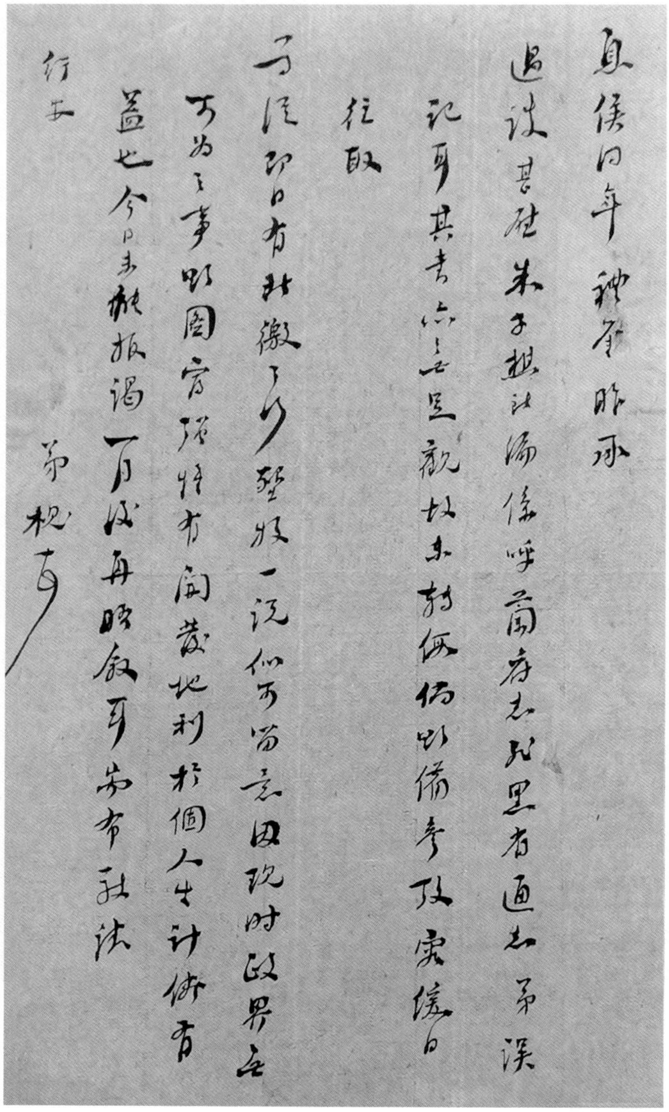

致金梁信札一页

吴承仕

14cm×24cm

吴承仕（1884—1939），字检斋，号展成，安徽歙县人，中国近现代著名学者、经学家。

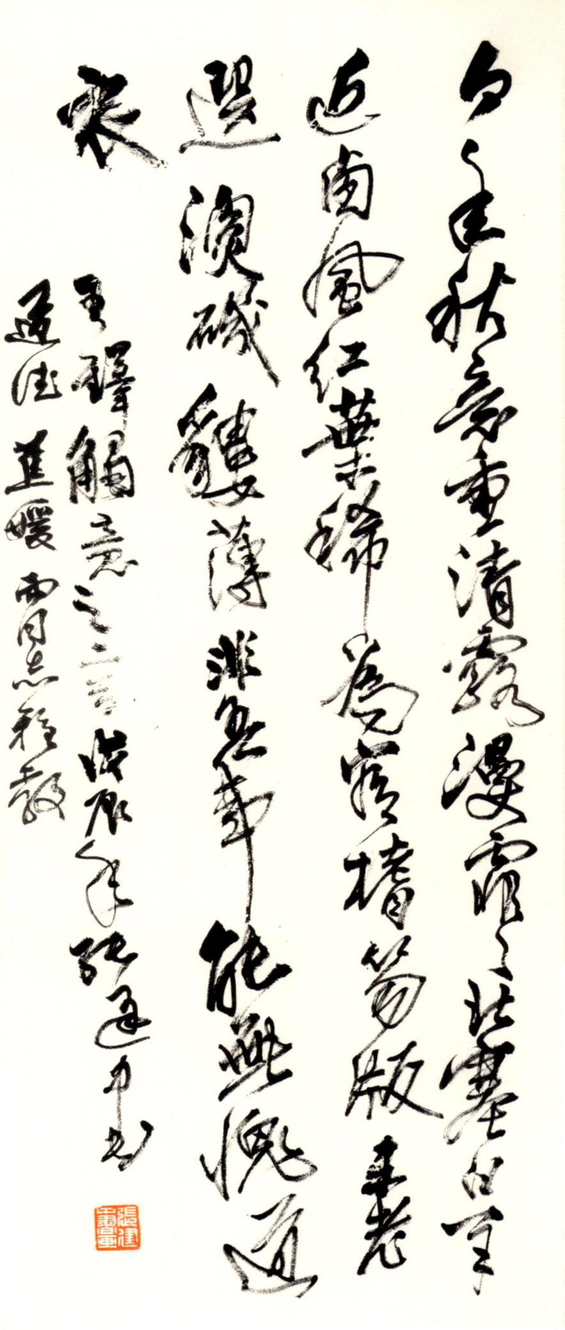

书法中堂

张建中

69.5cm×160cm

张建中（1929—2013），字润华，山东高密人。著名书画家、艺术教育家、国家一级美术师，享受国务院特殊津贴专家，中国美术家协会会员、中国书法家协会会员。

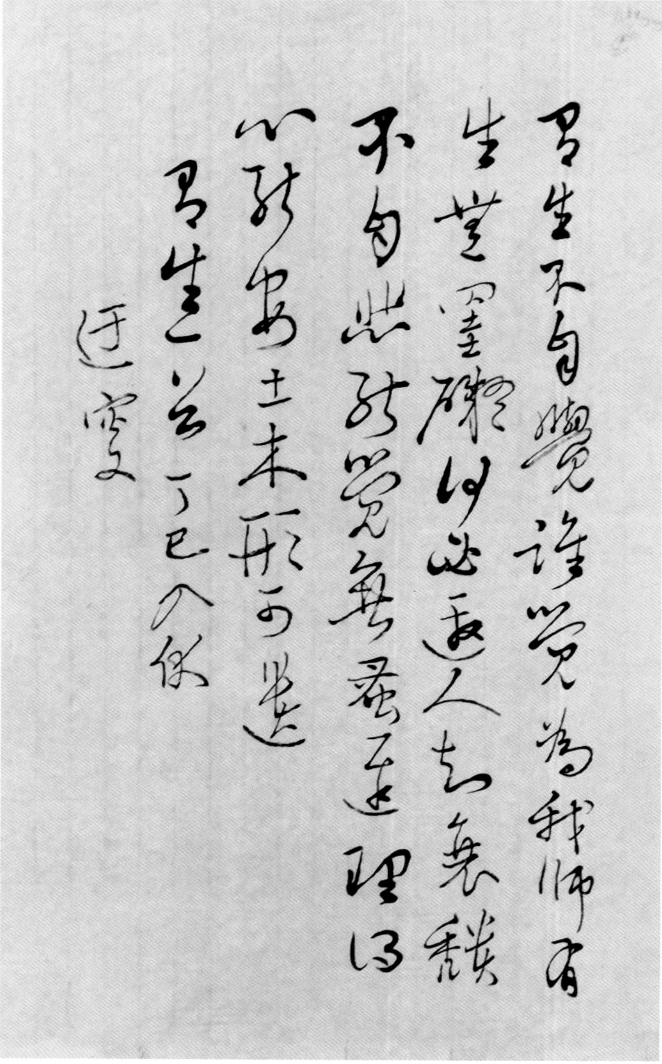

词作一首一页

吴玉如

17.5cm×28cm

吴玉如（1898—1982），名家球，字玉如，后以字行。原籍安徽泾县茂林，故早年号茂林居士，晚年自署迂叟。早年就读于天津南开学校，与周恩来同班，后任教于南开大学。曾任天津市政协委员、中国书法家协会名誉理事、天津市文联委员、天津市文史研究馆馆员。

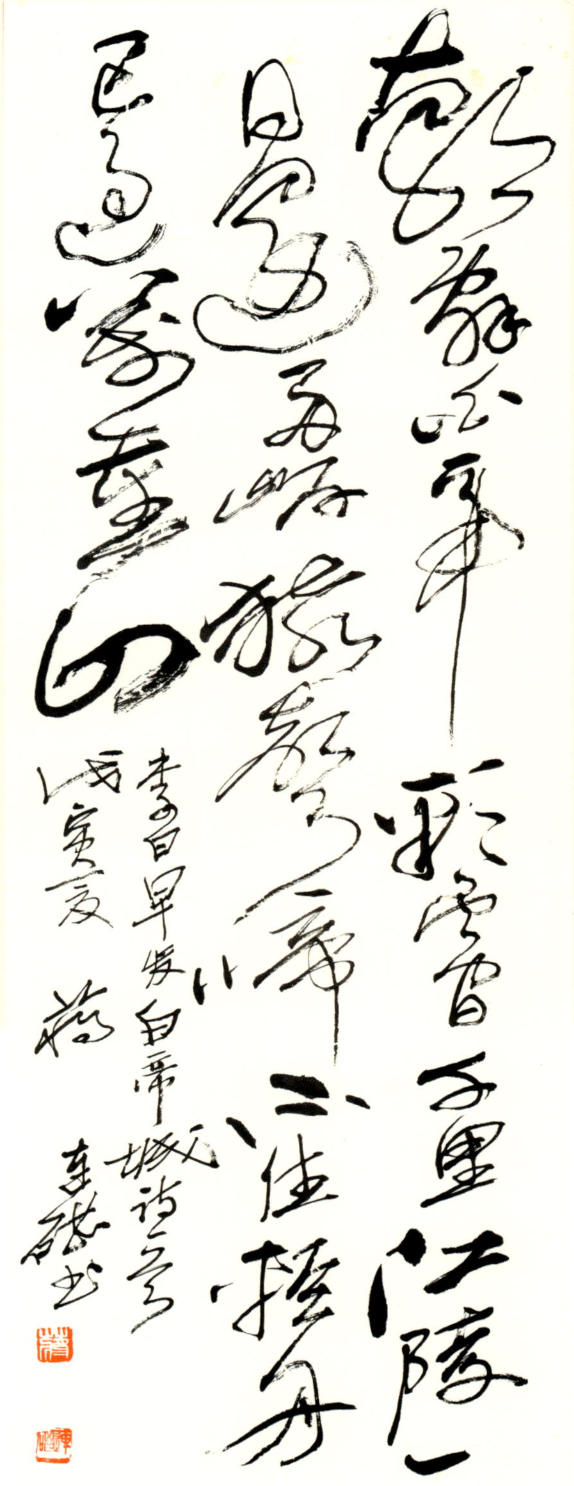

书法条幅

蒋连碪

58.5cm×140cm

蒋连碪（1949— ），安徽萧县人，长期从事书画创作与考古工作。在巴黎大皇宫、中国美术馆等地举办了二十多次画展，数十件作品被中国美术馆、法国赛努齐博物馆等国内外数十家艺术馆收藏，有关书画和考古方面的文章、作品散见于数百种国内外报刊。

画忆徽乡 一片冰心

乡愁何处寻？一梦到徽州。

徽州，钟灵毓秀，奇山异水。生于斯，长于斯，目之所及，四面群山环抱，黄山奇景独绝天下，旭日与苍松同辉，五岳归来不看山，黄山归来不看岳，实至名归；新安江波平如镜，碧水共长天一色，人行明镜中，鸟度屏风里，百里画廊，处处诗情画意。更有桃红柳绿，粉墙黛瓦，小桥流水人家，抚慰人心。

徽州，地灵人杰，与时俱新。自北宋至民国，一府六县格局延续近 800 年。朱熹、戴震、黄宾虹等文化大家，名垂青史。徽商行遍天下，以诚为利，以和为贵。徽文化底蕴深厚，包罗万象。徽学别有天地，为地方显学之一。徽州，随时代跃迁，焕盛世新颜。

眼前美景如画，胸中逸兴遄飞，于是挥毫泼墨，留影存真。山、水、人、物，尽入画卷，喜、乐、思、情，定格一瞬。乃有佳作问世，饱览徽州奇绝之山水，纵观徽州古今之风情。

赏名画，忆徽乡。于此，一步步走进梦里徽州，望见山，看到水，记住乡愁……

皖南山居图

丁漪

58cm×67cm

清溪湿翠

丁漪

60cm×95.4cm

丁漪（1928— ），女，学名丁玖滋，天津人，擅长中国画。1948 年后加入解放军总政文工团美术队。历任北京体育报社美术编辑、安徽人民出版社美术组组长、安徽省美术家协会创作组画家，副编审、一级美术师。代表作品有《索溪山水图》《英雄大别山》，出版有《丁漪山水画探索》《丁漪山水画集》。

书法

穆孝天

33cm×90.4cm

穆孝天（1919—1996），安徽定远人，回族，别名穆道湘，又名托喳戈。擅长美术史论，历任安徽省科学研究所历史研究室编辑、安徽博物馆研究部美术史论研究员、安徽省文史研究馆名誉馆员、安徽博物馆学会副秘书长、中国书法家协会会员、中国美术家协会会员、安徽省书法家协会常务理事、中国博物馆学会会员。

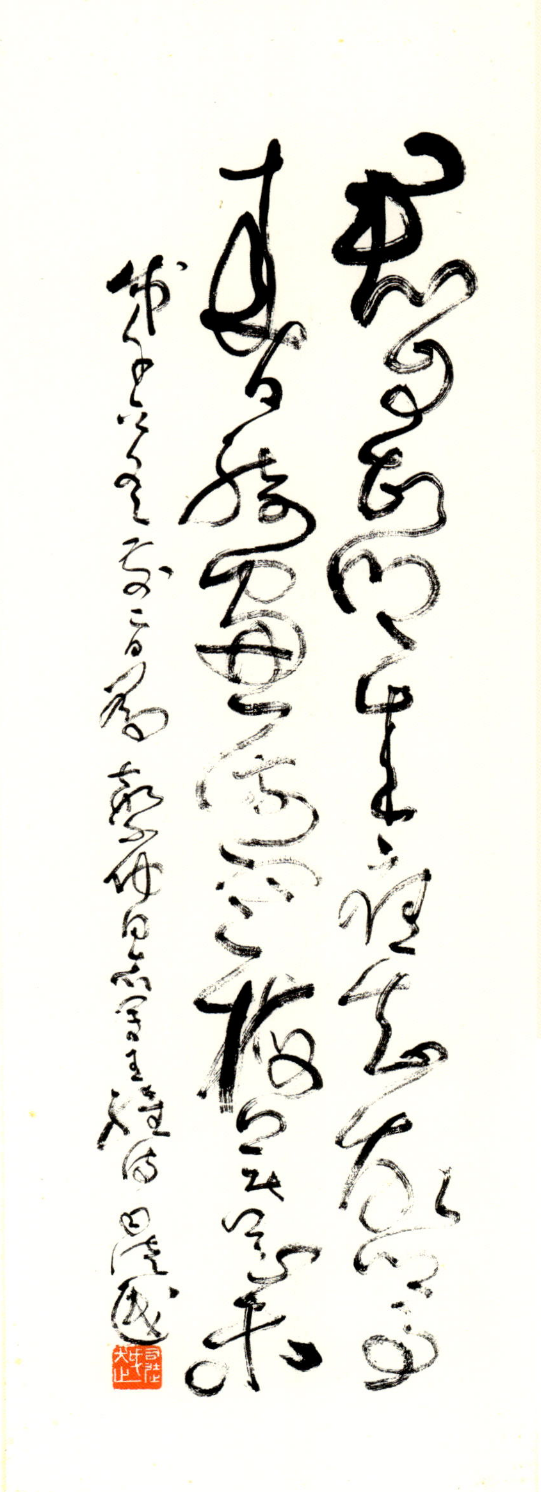

一笔书法

司徒越

33.3cm×96.5cm

司徒越（1914—1990），安徽寿县人，字剑鸣，中国书法家协会会员，安徽省书法家协会名誉主席，安徽省考古学会、博物馆学会理事，安徽省第六、七届人大代表。他的书法正、草、隶、篆、甲骨、金文兼优，尤以狂草见长。在草书方面，他极重视继承传统，但又不墨守成规，勤于探索，力求创新，形成了刚健豪放、婉转流畅的独特风格。

海之子

吴宪生

66cm×154cm

吴宪生（1954— ），安徽宣城人。1978 年毕业于浙江美术学院中国画系，毕业后留校任教，1980 年结业于方增先、顾生岳任导师的人物画研究生班。曾任中国美术学院中国画系人物教研室主任、成教学院院长，中国美术学院中国画系教授、博士生导师。中国美术家协会会员、浙江省国际美术交流协会副主席、西泠印社社员。

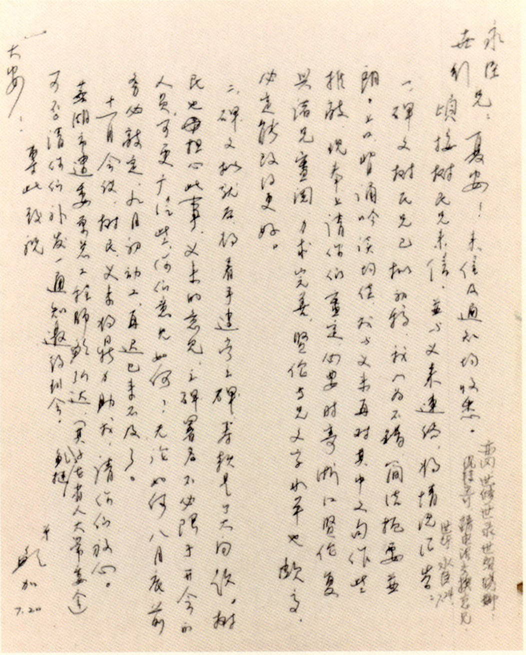

致鲍世行信札（复印件）

鲍加

22cm×28cm

鲍加（1933—2021），安徽歙县人。中国当代著名油画艺术家。1949 年开始从事艺术工作，1985 年当选中国美术家协会常务理事。作品先后在法国、美国、日本、保加利亚、斯里兰卡、新加坡等国展出，代表作品有《淮海大捷》《在共青团九大》《激流》《大漠千里》等。曾任安徽省文联副主席、中国美术家协会安徽分会主席。

欲问何缘，问道源法师便知

尹沧海

70cm×70cm

斜阳图

尹沧海

70cm×70cm

高士图

尹沧海

70cm×58cm

尹沧海（1966— ），安徽萧县人，又名普原，学者、书画家，艺术史博士。现任南开大学文学院东方艺术系教授，南开大学哲学院书画艺术与美学博士生导师，南开大学经济学院艺术与艺术品投资博士后导师。天津市政协委员，中国美术家协会会员，中国书法家协会会员，天津市美术家协会副主席，九三学社天津书画院副院长。

书法条幅

张恺帆

32.8cm×104cm

张恺帆（1908—1991），安徽无为人，著名书法家、诗人。1928 年加入中国共产党。张恺帆幼入私塾，随塾师吴风楼临帖习字，得力于柳公权、颜真卿、何绍基、怀素诸家，兼涉魏碑，善行草书。1985 年离休后任中国书法家协会名誉理事、中国书法家协会安徽分会主席、中华诗词学会副会长。

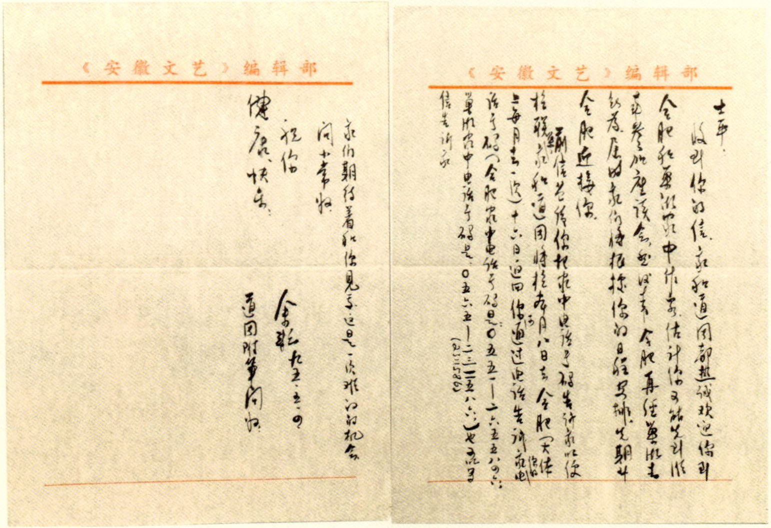

致胡士平信札一通二页

余耘

19.5cm×27.5cm×2

余耘（1918—？），安徽黟县人。曾任安徽省文化局副局长、省戏剧家协会主席，《安徽戏剧》杂志主编，著名戏剧家、导演。

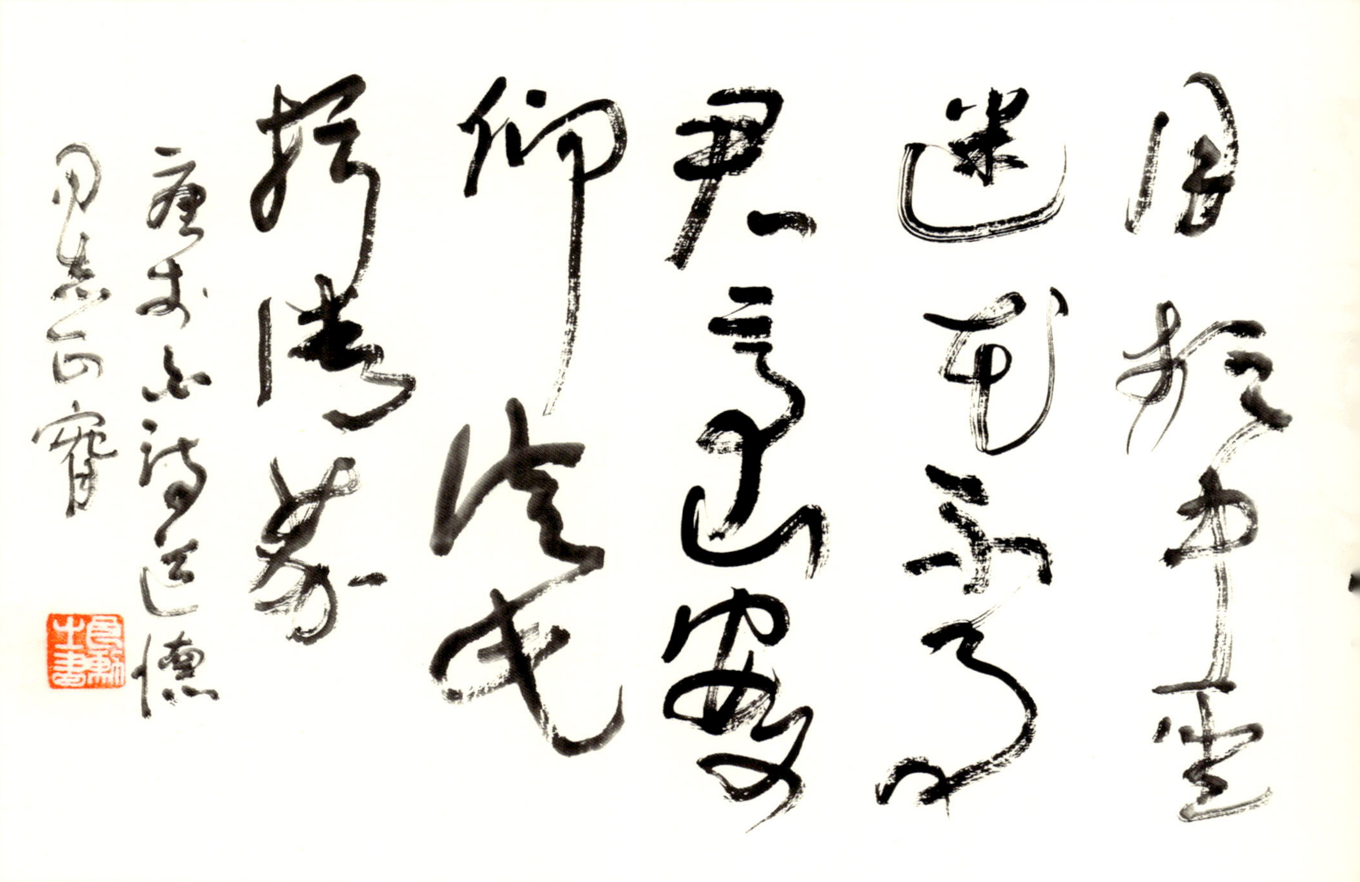

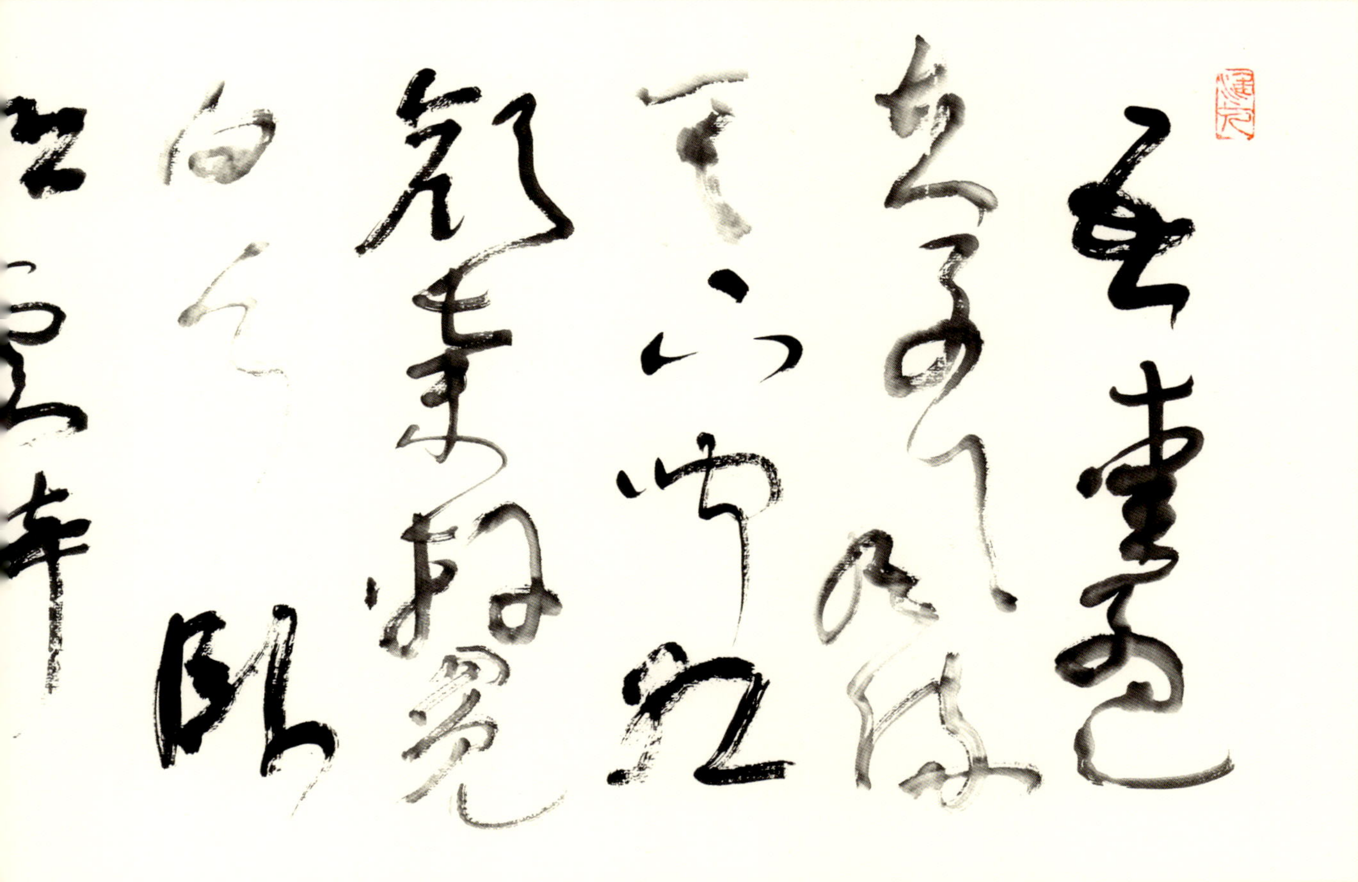

书法横幅

张良勋

101cm×33cm

张良勋（1941— ），安徽宿州人，字伯耀，号若水，安徽艺术学院美术系毕业。历任中国书法家协会首批会员，中国书法家协会第四、五届理事，曾任安徽省书法家协会副主席，现为安徽省文史馆馆员。

但惊花梦醉，不知香飘处

汪新林

80cm×160cm

春江水暖鸭先知

汪新林

80cm×159.5cm

汪新林（1956— ），安徽马鞍山人，字二木，号弯弓、申公、积玉斋主，现为国家一级美术师，享受国务院特殊津贴。

荷

丁力

69cm×39cm

丁力（1964— ），安徽合肥人，师承安徽篆刻名家张一辑，国画名家朱白亭、郑若泉、葛庆友。安徽省美术家协会会员，安徽省书法家协会会员，龙图印社社员。

松風
天池書

横幅书法

尉天池

128.5cm×30.8cm

尉天池（1936— ），安徽砀山人。自1960年起，在南京师范学院（今南京师范大学）美术系执教书法，1986年被聘为教授。曾任日本文部省1986年度特聘书法教授，执教于国立爱知教育大学书法系。1985年起，任硕士学位书法研究生导师、日本书法留学生导师。先后师承沈子善、林散之先生，书学篆、隶、草、楷、行诸体，尤擅行草，书风苍劲浑厚、潇洒豪放。

连年有余

朱勇

137cm×70cm

朱勇（1959— ），安徽界首人，国家一级美术师，中国美术家协会会员，中国美术家协会安徽分会会员，国家级职业画家，在业内享有“小徐悲鸿”之称。

一马当先

朱勇

51.5cm×98.5cm

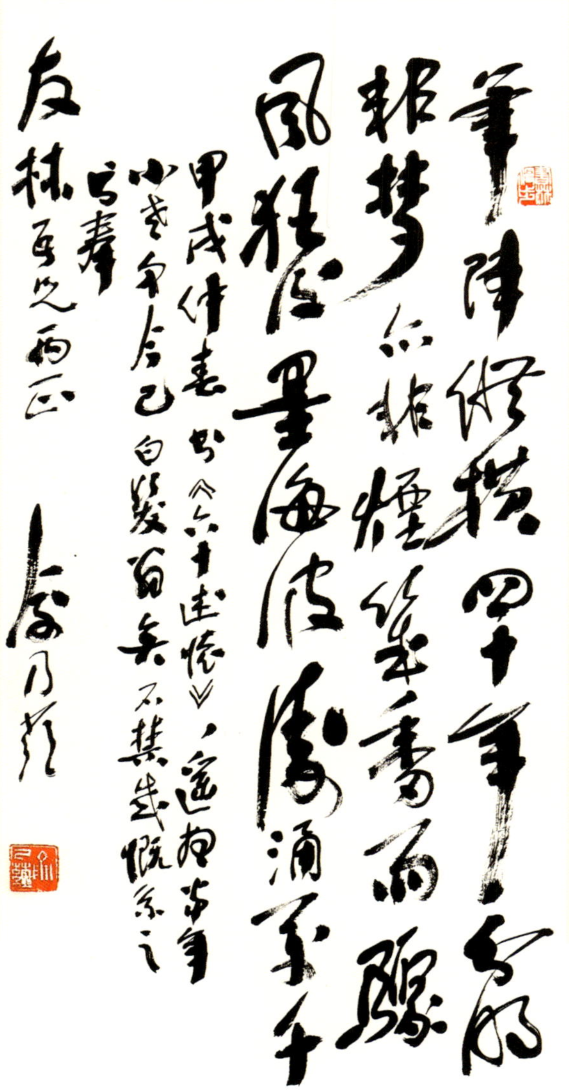

笔阵纵横 行书

俞乃蕴

29cm×57.4cm

俞乃蕴（1931— ），安徽芜湖人，笔名余云，中国共产党员。1959 年毕业于中国人民大学新闻系，从事新闻工作近 20 年。1978 年后历任安徽省政协秘书处副处长、办公厅主任、副秘书长。曾任安徽省诗词学会副会长，安徽大学中文系兼职教授。

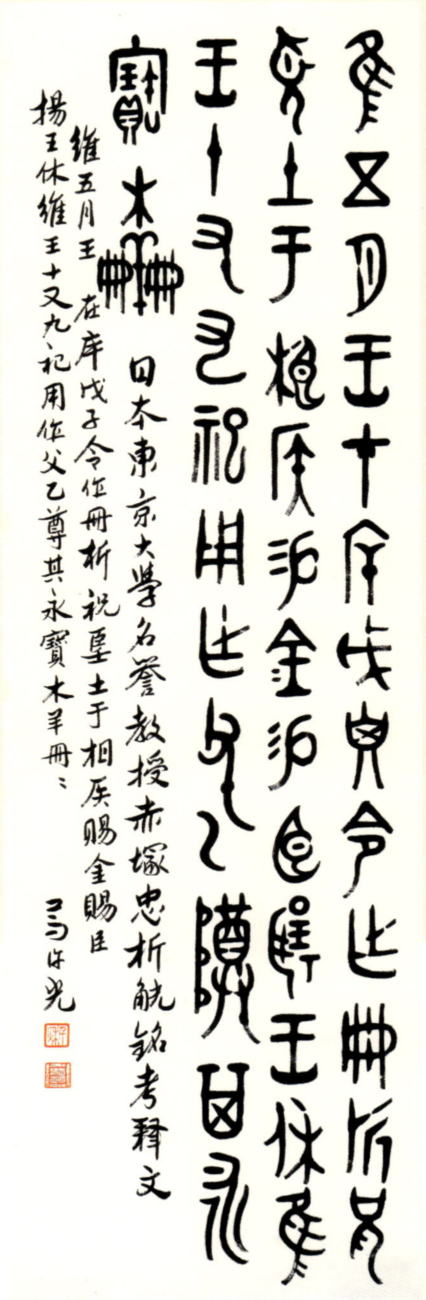

维五月 大篆

葛许光

33.5cm×106cm

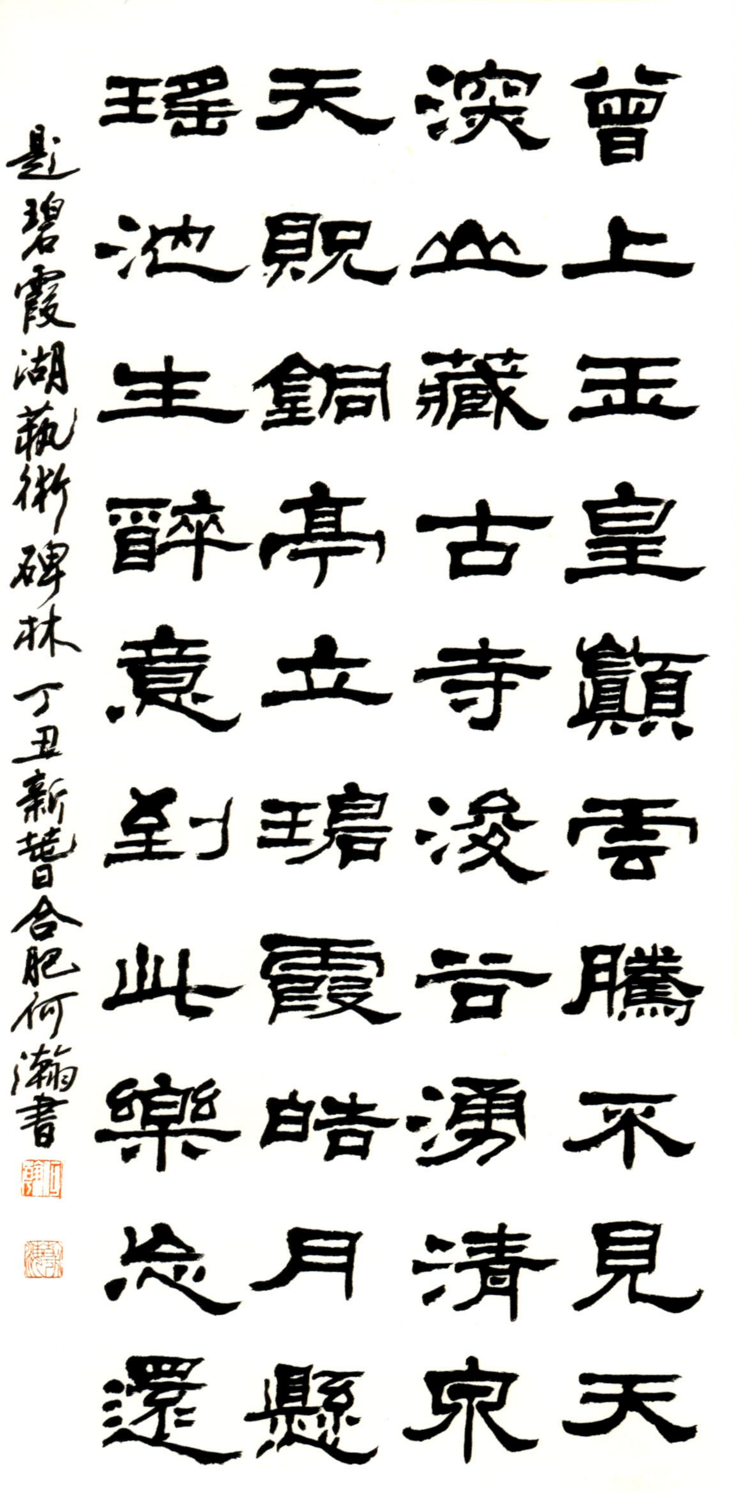

曾上玉皇巅 隶书

何瀚

68.5cm×136cm

何瀚（1943—），安徽合肥人，原名何朝海，号梦鼎齐主。历为中国民族书画研究院研究员、南京艺海潮书画院高级书画师、中华诗词学会会员、中国楹联学会会员、安徽省文史研究馆书画研究员、安徽省书法家协会会员。

竹石图

王少石

66cm×136cm

王少石（1940— ），号石叟，安徽宿州人。国家一级美术师，中国书法家协会会员。曾任安徽省政协委员、安徽省人民政府参事，现任安徽省文史研究馆馆员、安徽省书法家协会顾问。

菊花雄鸡

黄书元

50cm×90cm

黄书元（1943— ），安徽宣城人。深耕小写意花鸟，早年师从著名画家黄叶村、张正吟，其作品重骨力，讲神韵，求新意，逐渐形成“小写意、大气魄”的艺术风格。先后于宣城、芜湖、香港、合肥、宁波、东莞等地举办画展。专著《藤本画法》《公鸡、母鸡、小鸡画法》《黄书元画集》等先后由安徽美术出版社出版。2016 年，天津人民美术出版社出版发行近现代名家画集《黄书元》。

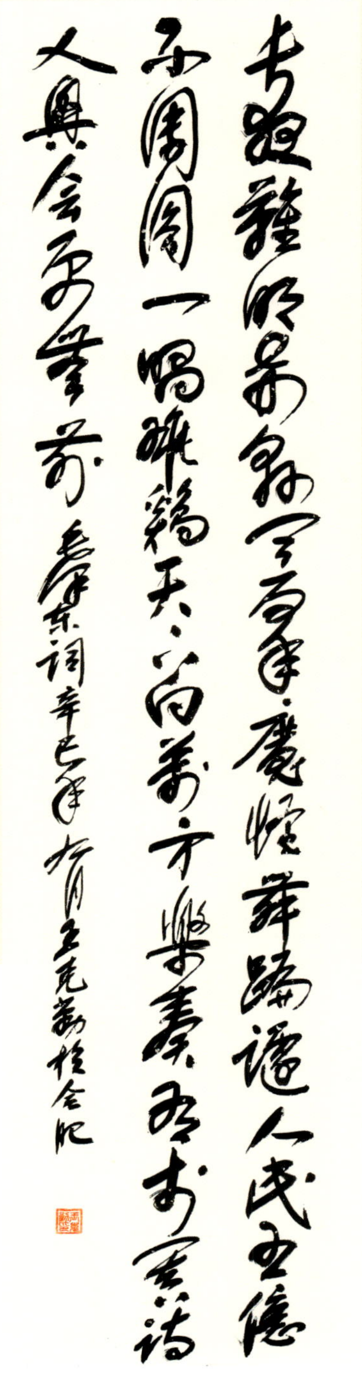

长夜难明 草书

王克勤

47cm×164cm

兰陵美酒 草书

王涛

32.7cm×136cm

王涛（1943— ），安徽合肥人。著名画家，中国画学会副会长、安徽省中国画学会名誉会长。曾任安徽省书画院院长、省美术家协会副主席，国家一级美术师，享受国务院特殊津贴。

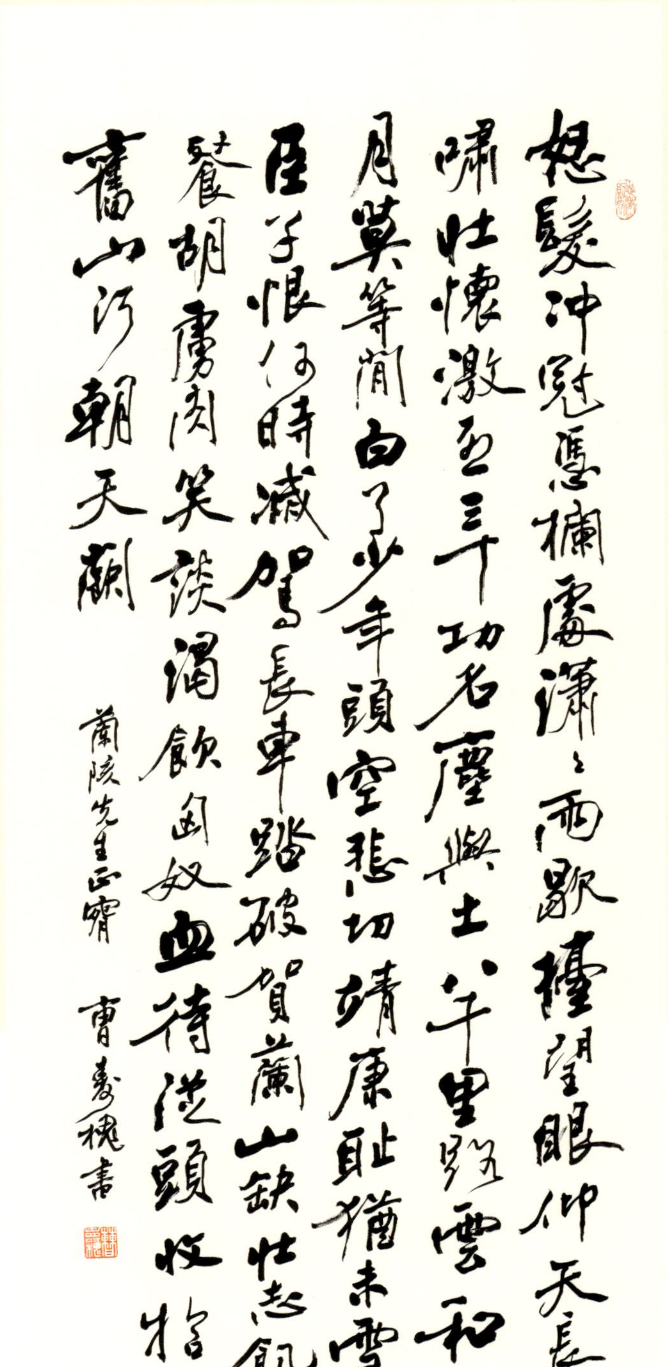

满江红 行书

曹寿槐

58.7cm×134.8cm

曹寿槐（1931— ），安徽宣城人，又名曹安，现为浙江省文史研究馆馆员、中国地质大学艺术系特聘教授。

结庐在人境

潘军

76.5cm×46cm

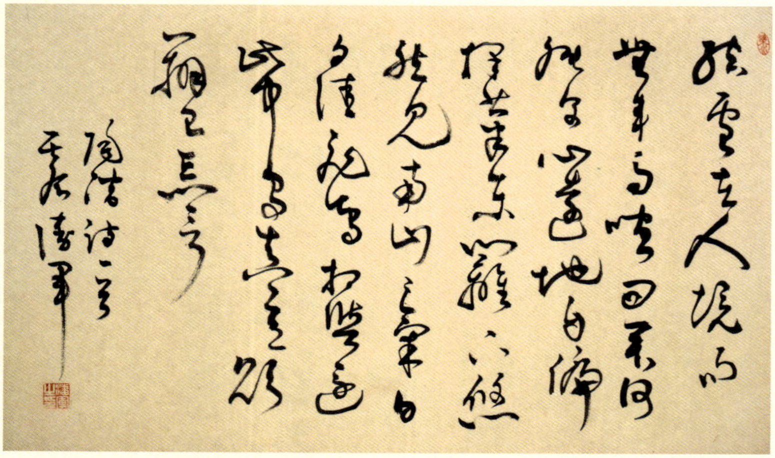

东坡夜游赤壁

潘军

48.5cm×31.5cm

李白诗意

潘军

31.5cm×48.5cm

潘军（1957— ），安徽怀宁人，中国当代著名作家、剧作家、影视导演、画家。

黄山春烟图

刘晖

62.5cm×106.5cm

刘晖（1944— ），安徽黄山人，国家一级美术师。先后在华东师范大学历史系、浙江美术学院（现中国美术学院）、北京中国画研究院学习和进修历史、文学、油画、国画，主要从事中国画、书法的研究和创作，现居北京。

马

黄澍

48.5cm×101.7cm

黄澍（1917—2013），安徽省休宁人。字耘非、云非，斋号时雨轩，著名书画家。黄山学院资深教授，历任黄山市书法家协会名誉主席、黄山市美术家协会名誉主席，新安画社名誉理事长。擅书画，书法致力于魏碑，画以马见长。曾师从汪采白、张振铎、丰子恺等名家。

江南之春

汪观清

42cm×72.7cm

汪观清（1931— ）安徽歙县人，笔名耕牛莘堂主。自幼酷爱丹青，后到上海拜师学画，从事连环画创作30余年。历任上海十一联出版社美术编辑、新美术出版社专业连环画创作员、上海市美术家协会理事、上海市文史馆馆员、上海人民美术出版社专职画家。现为上海市美术家协会理事、安徽新安画派研究会顾问、黄山画院名誉院长、中国美术家协会上海分会理事。

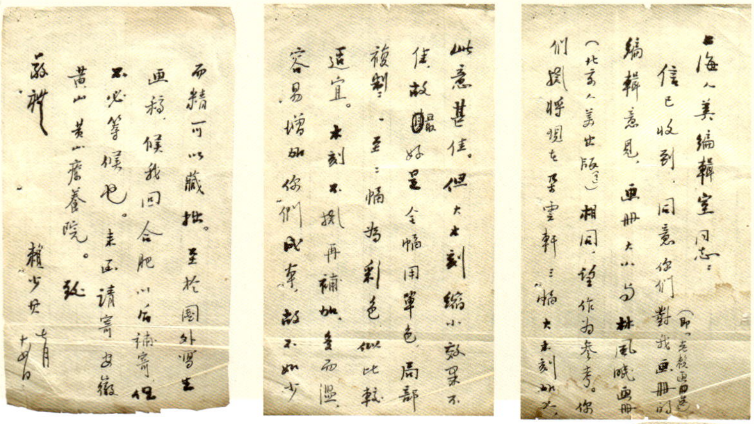

上海人美编辑室同志：

信已收到，同意你们对我画册的（即“老赖画选”）编辑意见，画册大小与林风眠画册（北京人美出版的）相同，望作为参考。你们拟将现在荣宝轩三幅大木刻放大，此意甚佳。但大木刻缩小效果不佳，故最好是全幅用单色，局部複製。至二幅将彩色似比较适宜。木刻不拟再补加，多而滥容易增加你们负担，故不如少而精可以藏拙。至於圈外写生画稿，候我回合肥以后補寄。但不必等候也。来函请寄安徽黄山黄山疗养院。致

敬礼

赖少其 七月十四日

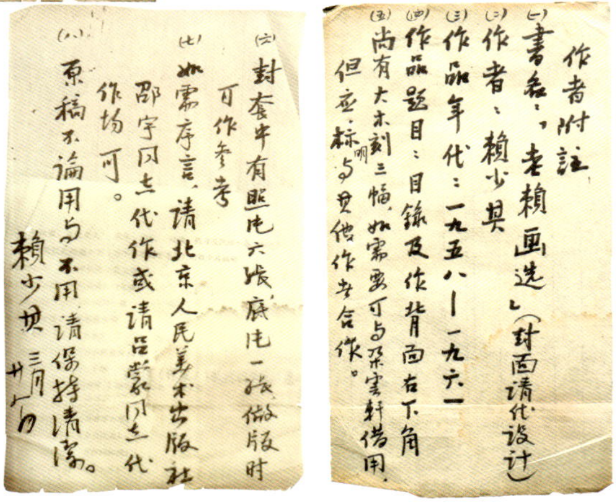

作者附註

(一)书名：“老赖画选”（封面请代设计）

(二)作者：赖少其

(三)作品年代：一九五八—一九六一

(四)作品题目：目录及作背面右下角

(五)尚有大木刻三幅，如需要可与荣宝轩借用，但应标明与其他作者合作。

(六)封套中有照片六张，底片一张，做版时可作参考

(七)如需序言，请北京人民美术出版社邵宇同志代作或请吕蒙同志代作均可。

(八)原稿不论用与不用，请保持清洁。

赖少其 三月廿八日

信札两通五页

赖少其

竹兰石长寿图

周楚清

245cm×62cm

周楚清（1958— ），号松木岭道人，斋名慢慢斋，安徽绩溪县松木岭村人。少时随有“中国画兰第一人”之称的萧龙士大师研习书画，得其真传。受梅道人、夏昶、郑板桥、黄宾虹等影响。擅长写意兰竹、山水，构图随意天成，格调雅致，笔墨秀润，意趣清新，自成一格。现为绩溪县政协委员。

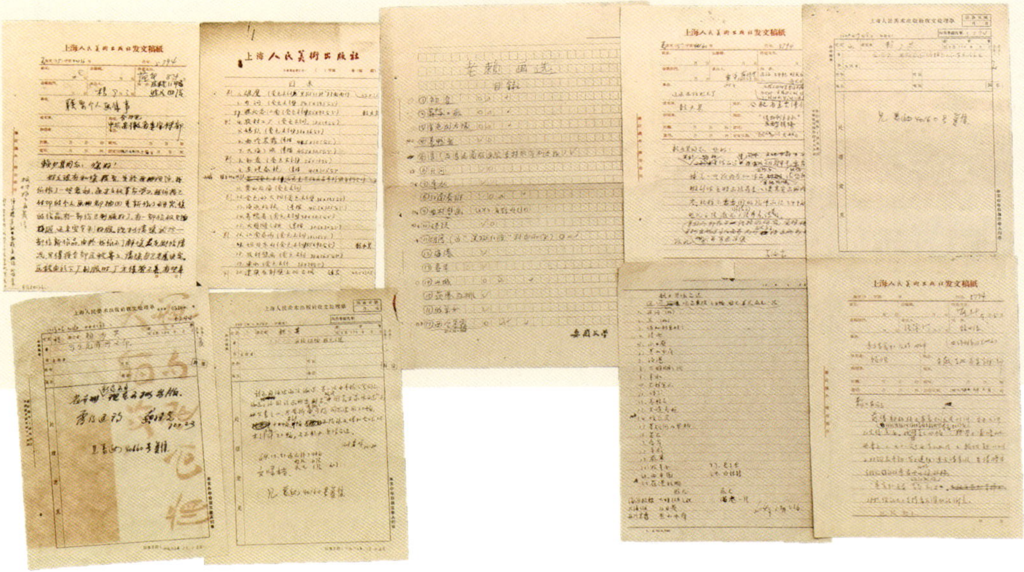

赖少其（1918—2000），斋号木石斋，广东普宁人。中国当代著名书画家、艺术家，新徽派版画主要创始人。曾任安徽省政协副主席，长期兼任省美协、书协主席，并为历届中国文联文员、中国美协和书协常务理事，西泠印社社员。

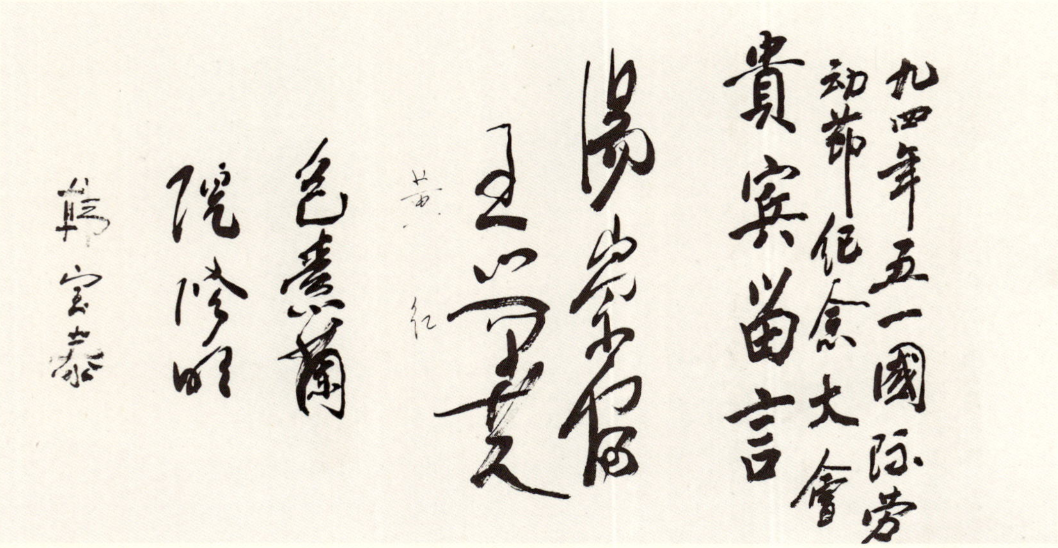

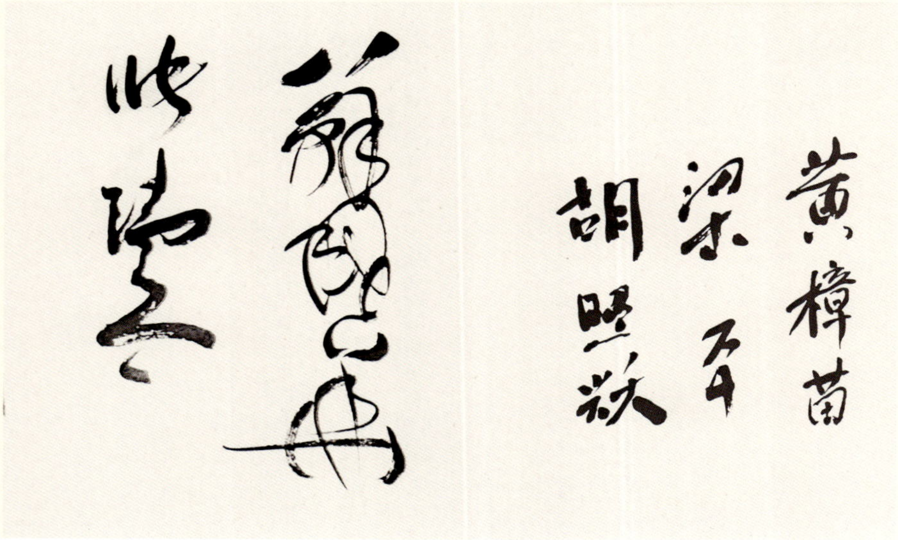

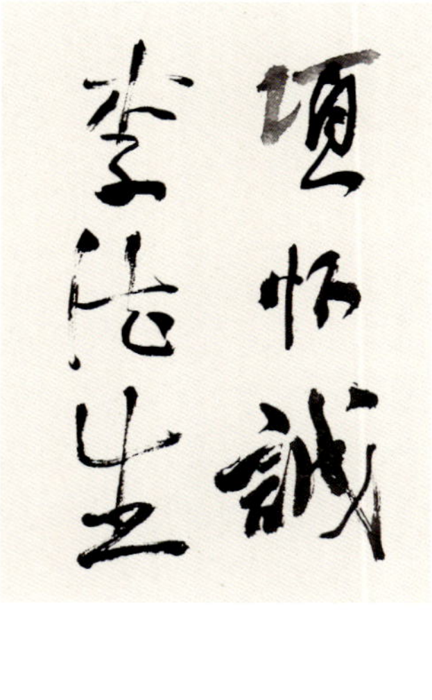

1994 年五一国际劳动节纪念大会贵宾签名

183cm×41.2cm

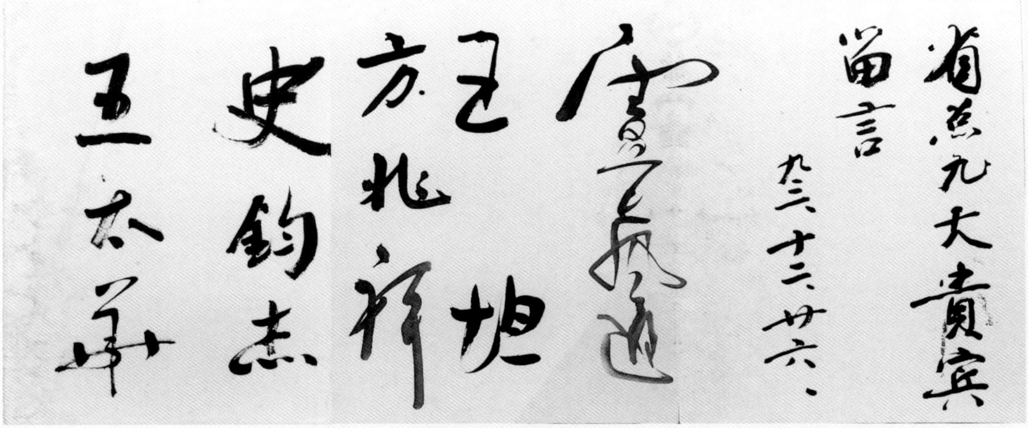

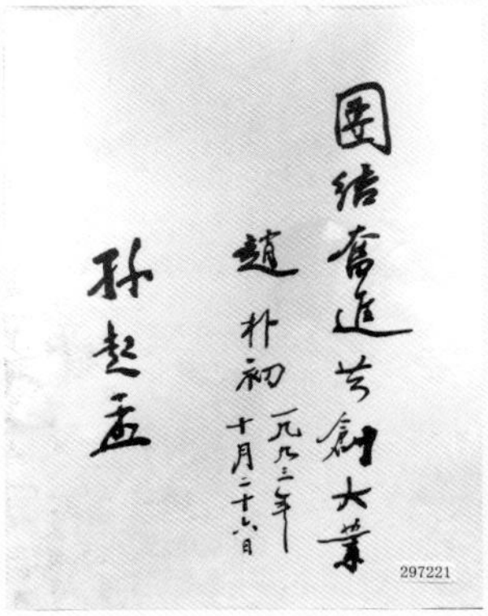

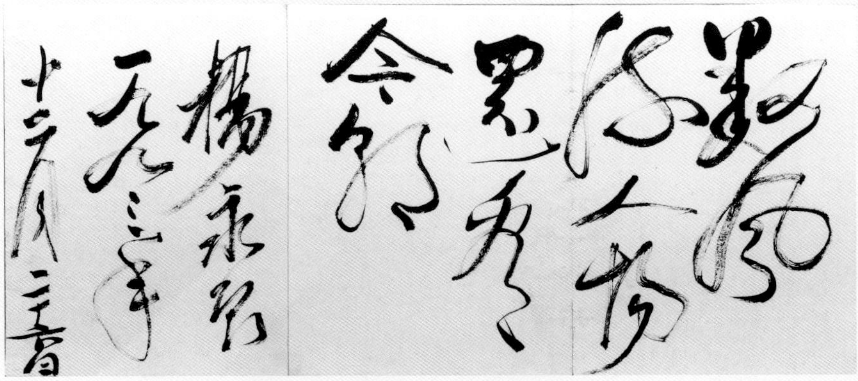

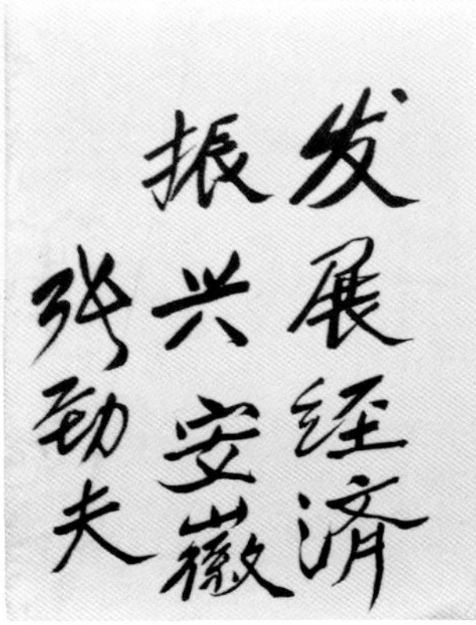

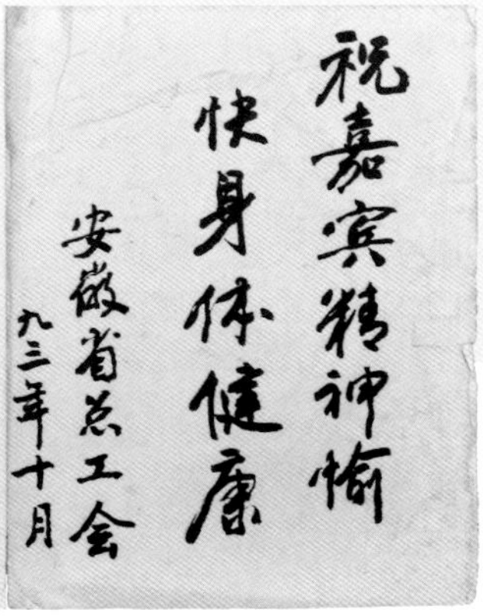

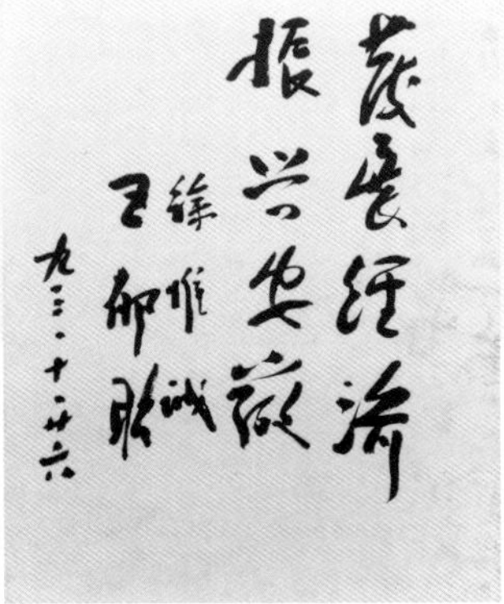

① 1993 年安徽省总工会贵宾留言 330cm×41.2cm

② 杨永良题词：数风流人物，还看今朝（1993 年）91cm×41.2cm

③ 赵朴初、孙起孟题词：团结奋进，共创大业（1993 年） 31cm×41.2cm

④ 徐惟诚、王郁昭题词：发展经济，振兴安徽（1993 年）31cm×41.2cm

⑤ 安徽省总工会：祝嘉宾精神愉快，身体健康（1993 年）31cm×41.2cm

⑥ 张劲夫题词：发展经济，振兴安徽（1993 年）31cm×41.2cm

	①	
③	②	
⑥	⑤	④

徽州乡愁文摘

我生在徽州，长在徽州，祖籍在绩溪县大石门村，出生在歙县溪头叶岔村……在安徽工作三十多年，其中徽州乡村往事颇多。

——周道炯《徽州乡村往事》

我从记事起，就听老人说，我们的祖籍在徽州。徽州在什么地方？我们的老祖宗又在什么地方？常常激起我无限的憧憬和遐想。

——方祖岐《瀹坑寻祖》

往事中有欢乐有悲伤，最令人难忘的是，1968 年至 1974 年在安徽黄山茶林场务农的那些风风雨雨的日子。那里有青春的眼泪和欢笑，有热血沸腾的壮举，也有九曲回肠的爱情，当然也有阴暗处的蝇营狗苟。那些日子是足以被写成多卷本大部头的长篇小说的，然而，我却迟迟未敢落笔。也许生命中最难忘最珍贵的东西是不愿意轻易示与别人共享的吧！平时与熟人聊起那段日子，却是举重若轻的潇洒——诸如黄山脚下的奇山异石啦，茶叶山上的香飘四季啦，等等。

——王小鹰《在大山的皱褶里跳舞》

近来经常有人问："你们下乡十年到底有何得，有何失？"这个问题很难回答，毕竟十年青春岁月消逝，不是用简单的加加减减就能够做个了结。但我们可以肯定地说，黄山茶林场的十年给了我们超过一般人的承受能力；有了这么一段经历"垫底"，后来不管遇到什么意外变化、什么困苦境况，都不难去面对，去承受。

——曹景行《黄山给了我们承受力》

像我这般漂泊异乡的游子，故乡黟县一直是个遥远的梦。几十年来，碧山清澈的小河、苔痕斑斑的石桥、幽深的小巷、被磨得光滑的青石板路以及那乌柏树霜染的红叶和早春迎风摇曳的茂竹，时不时在梦里出现，唤起我对往昔岁月的回忆。

故乡对任何人说来，都是生命的起点、成长的摇篮，多少忘不了的温馨、甜蜜而苦涩的回忆渗透在故乡的山水之间。

——金涛《故乡的随想》

伍

游子思乡 故里永昌

1956 年 8 月，在家乡工作了 6 年的程道德先生，
以初中学历考上北大，远赴首都学习、工作。
从此，家乡成了他思念的远方……
数十年过去，曾经的徽州少年，不仅成为著名法学教授、知名学者，
还成为蜚声收藏界的文物鉴藏家。
无尽乡愁，萦怀于心。他说：“家乡，在我心中是根深蒂固的。
所以，我有这个责任回报培育我、养育我 22 年的这片故土啊！”
言行必践，乃道德之诺。
于是，他不仅多次回到家乡举办藏品展，
还将数十年精心收藏的珍品文物慷慨捐赠，
促成故乡建起专题博物馆、展示馆。
种种壮举，小而言之，是推进家乡文化事业发展；
大而言之，是守护中华传统文化精魂。
乡贤游子，桑梓情浓。
一个人的乡愁，唤起了无数人的乡愁。
这是乡愁的弥漫，更是乡愁的升华。

徽州少年

一张张褪色的老照片，记录了一位少年的徽州往事。

从休宁新棠村到徽州专署秘书室，少年学子成为当时徽州行署机关最年轻的干部。

徽州自古崇学重教，深受徽州文化影响的程道德，在工作六年之后，毅然选择弃政求学，以初中学历，考上了北京大学法律系，从此离开故乡，进入最高学府，走上学术之路。

少年强则国强，教育兴则国兴。

这位徽州少年，以自己的行为，践行着这样的道理。

第一排左三为金家祺老师，左五为程道德，第二排为休宁中学时任初中老师，第四排左五为知名地质学专家吴三省同学，第五排左二为汪定一同学（曾任休宁县海阳二小校长）

1950 年 10 月 1 日摄于徽州专署大门口，第一排左六为程道德，第三排左六为专员陈敬之，左十为杜宏本（时任工商科科长）

1951 年春，徽州专署青年团支部团日活动合影

1952 年 6 月，徽州专署秘书室欢送调动的同志们临别合影

1953 年春，徽州专署青年团支部团日活动留影，前排居中者为程道德

1953 年 2 月 18 日，徽州专署秘书室全体同志欢送潘、高二位同志临别合影，后排左二为程道德

1954 年 2 月 10 日，徽州专署办公室全体人员欢送程、江、何三位同志临别留影。第一排左二为程道德，第二排左三为时任办公室主任

1954 年 3 月 9 日，徽州专署青年团支部团员与许家朋烈士的父亲许加生在屯溪公园留念合影。二排左一为程道德，左二为团支书朱子奇，左四为许加生，左五为绩溪县干部

1955 年新安江畔合影，左二为程道德

1956 年 8 月 15 日，赴北京大学就学之前，在芜湖专署与几位同志告别合影留念，左二为程道德

1958 年春夏之交，在北京学习或工作的休宁中学初中同学在北京展览馆前聚会合影。第一排左一为程道德，后排左一为吴三省

我的三伯程道德

程 燕

北京大学法学院“教授”、国内知名“文物鉴藏家”、2017年“中国好人”，这三种截然不同的身份集于一人之身。他，就是我的三伯——程道德先生。

三伯名道德，字陶庵，别号古癖斋主。1935年2月21日（农历正月十八）生于休宁，祖籍绩溪。很小的时候，从父母日常的交谈中，就知道我的三伯是个了不起的人物：初中毕业，考上北大；毕业后留校任教，成为北大法学院教授。后来，知道三伯不仅是一位知名的国际法学方面的学者，还是一位卓有成就的我国科举文化、近现代中国高等教育以及名人墨迹、信札等文物收藏鉴赏方面的专家。2016年7月，三伯因情系桑梓、力践“三诺”（“一诺”促成一座博物馆，“二诺”建成一座“道德馆”，“三诺”带来一次特别的展览）荣登诚实守信“中国好人”榜。

探究三伯近九十年的人生履历，作为晚辈不能不感叹他为程家所带来的无上荣光。三伯身上所焕发出的道德光芒，已经成为指引和推动我们晚辈不断前行的强大精神力量。

甘为儒生 一心向学

三伯出生的时候，我的爷爷已经从绩溪大谷迁居休宁海阳西街。据三伯讲，爷爷是裁缝出身，读过几年私塾，脑筋很活络，社交能力比较强。先是

2002 年程道德校友在休宁中学举办“中国近现代文化名人尺牍展”

在西街开了一家缝纫店，兼售卖布匹，生意做得风生水起。后来还顺应市场需求，时不时从上海采购一些成品服装出售。随着生意的进一步拓展，接着又在西街靠近横江大桥的位置开了一家棉花店。我的三伯就出生在这样一个徽商家庭。

按三伯自己的话说，他小时候是比较活泼、比较调皮的。先是在休宁上小学，抗战时期因生意竞争方面的原因，父辈遭人构陷，被诬为“囤积居奇”，家中货物全部被没收，家人不得不离开休宁谋生。先是搬到梅林，继而又搬到黎阳。后来因为是诬告，这场官司虽然打赢了，但父辈已经不想再回伤心地休宁西街了，最终一大家子落脚屯溪老街还淳巷。这一路颠沛流离，三伯从休宁小学，到梅林小学，再转黎阳小学，六年级又转到屯溪观音巷继续读书。抗战胜利后，三伯从屯溪二中回到休宁中学读初中，住在离校五里地的二姐、二姐夫家。

三伯自幼喜欢京剧、徽剧和黄梅戏。不仅喜欢看戏、听戏，自己也能唱几句，而且还能自编自导上台演出。1949 年 4 月，休宁县城解放。为了迎接解放军的到来，三伯参加了县里组织的文艺演出，自编自导的舞台剧演得生动活泼，引起了解放军文工团的注意。文工团的负责同志当时就要带三伯走，说：“小鬼，跟我们一起南下吧！”这是三伯面临的人生第一次重大选择。由于家人不同意，最终未能走成。用三伯的话说，如果当时随军南下，也可能就完全是另一种人生轨迹了，少了一个法学教授，多了一个文工团团长，或者是一个将军、政委什么的。

1950 年 6 月，三伯初中毕业，7 月即到徽州专署秘书科工作。1955 年底，徽州专署和芜湖专署合并，三伯随同大部队搬迁来到芜湖。1956 年 1 月，中央发出“向科学进军”的口号 , 三伯动了考大学的念头。究其原因：一是三伯是当时家中四兄弟中学历最低者，考大学是他心中的夙愿；二是受到当时专署不少领导热衷学习的影响，有一位领导无论寒暑，哪怕三伏天汗流浃背，也要一边摇着蒲扇，一边看书学习；三是自己个性使然，当时在专署机关工作，要么从政走仕途，要么响应中央号召继续求学做学问，三伯自我感觉不擅长搞行政，于是作出人生第二次重大选择，决定放弃工作考大学，走

2010 年中国状元博物馆之清代科举文化馆开馆

2005 年休宁县县委、政府负责同志赴京看望程道德、汤蕉媛先生

一心向学这条路。按三伯当时的情况，他已经是行政22级，每月工资56元，只要按部就班不折腾，生活也会过得很安逸。但三伯心中读大学的愿望十分强烈，只要大学管口饭吃，放弃工作也是愿意的。

既然决心已下，那就咬定目标。只有初中文化程度的三伯，为了能够顺利考上大学，不得不白天坚持上班工作，晚上去芜湖中学补习文化。功夫不负有心人，经过三个多月的紧张学习，三伯终于如愿以偿考上了北京大学法律系。时隔多年后，三伯在回忆当初的选择时，还非常自豪和欣慰地告诉我，当初在人生的十字路口所作出的选择是多么正确。

说到徽州专署近6年的工作经历，三伯多次说，这是他人生观、世界观形成的重要阶段。当时的机关作风非常朴实，官员和下属甚至机关打杂人员之间一律平等相待，没有所谓的上下、等级之分。中华人民共和国成立之初，那是一个充满激情、昂扬奋进的时代。工作氛围和谐融洽，生活追求简单纯朴，根本就不存在什么贪污腐败现象。

1956年8月25日，三伯怀揣着北大法律系的录取通知书，只身一人带着简单的生活用品，踏进了北大的南校门，正式成为一名北京大学法律系的大学生。由于之前有正式工作，因此三伯作为调干生，每月还有25元的生活补助。除了自己日常学习、吃穿用度之外，每个月还能省下一点钱寄回老

2015年在中国徽州文化博物馆举办“学人风范——中国近现代大学校长遗墨展”

家贴补家用。1960年春，三伯提前一年毕业留校工作。先后担任法律系（法学院）助教、讲师、副教授、教授、国际法教研室主任、系学术委员会委员和学位委员会委员。工作上，主要从事近现代中外关系史及国际法的教学和研究。这期间，三伯先后主编《近代中国外交与国际法》《中华民国外交史资料选编》（一、二册），著述《近代中国不平等条约体系的形成与扩展》《帝国主义侵华简史》（与人合著），参与《海洋法资料汇编》（合编），等等。1997年受北京市法学会委托，组建北京市法学会国际法学研究会，并当选为研究会常务副会长，主持研究会的日常工作和学术活动，历时八年，成绩突出。2010年荣获北京市法学会授予的“首都法学研究突出贡献纪念奖”。

千淘万漉 藏之有道

俗话说“三岁看小，七岁看老”。说到三伯搞收藏，实质是打小就有浓厚的兴趣。三伯小时候生活在徽文化积淀深厚的休宁县，读小学时就开始集邮。记得在屯溪上小学时，每逢周三就到老大桥（镇海桥）地摊上逛。有一次看到一套线装本的《康熙字典》，真是爱不释手。买下吧，价格不菲；不买吧，又寝食难安。几经踌躇，再三权衡，最终还是下定决心用自己的压岁钱买了下来，44册的《康熙字典》装了整整一洋铁皮箱。

在普通人看来，三伯在所从事的专业上取得的成就已经斐然。但一贯低调的他在回顾自己一生的经历时，却说出了这样一番话：“回首往事，多不足道，唯有收藏，聊值一提。”由此可见，“收藏”在三伯心目中的分量有多重。

谁都知道，搞收藏，没有“财力”是不行的，因为收藏最费钱。搞收藏，没有“眼力”也是不行的，真假莫辨，以讹传讹，贻害无穷。搞收藏，没有“毅力”更是不行的，三天打鱼两天晒网，挂一漏万，不成体系，收藏的价值和意义将大打折扣。

作为一名大学教授，按理说三伯是没有经济条件搞收藏的。但让人想不到的是，他却通过日积月累，集腋成裘，把收藏搞得风生水起。三伯一开始主要是收藏古钱币，搞了十几年，已有相当规模，还担任了北京市古钱币收藏协会的理事。此外，字画、瓷器、铜镜等也有所涉猎。1982 年前后，三伯突然意识到，搞收藏仅限于这些方面是不够的，开始把目光投向了北大著名学者墨迹的收藏上。由此而一发不可收，渐渐形成了清代科举制度文物系列、中国近现代高等教育文物史料系列、中国近现代文化名人遗墨系列以及民国时期军政要员手迹系列等四大藏品体系。藏品之丰富，可谓蔚为大观。耗资之巨大，实在难以计数。曾经与三伯谈论过收藏资金来源的问题，按照三伯的说法，他之所以在收藏方面能够取得一定成绩，主要原因有三：

一是离不开改革开放。用三伯自己的话说，没有改革开放，就没有程道德的收藏。改革开放，为三伯搞收藏提供了必要的经济条件、社会环境和难得机遇。首先是个人收入逐年提高，其次是社会环境逐步宽松，再次是各类藏品流通渠道更加多元。有了一定的经济基础以后，就可以通过逛文物市场、参与拍卖行公开拍卖等各种手段，最终获得自己想要的藏品。这其中，有一个最为难得的机遇，也是因为改革开放。三伯从 1990 年到 2000 年这十年间，每年都要飞临香港给研究生讲学。赴港讲学的收入不菲，但三伯几乎把全部的讲学收入都花在了香港的古玩市场上。每次回北京，必带回一堆“废纸”（字画）。有两次因收购的“废纸”太多，不得不请求赴港讲学的青年老师帮忙背回来。这些“废纸”当中有不少是无价之宝。令三伯至今难以忘怀的是 1995 年赴港讲学那一次。讲课之余逛古玩市场，在一地摊上翻看旧字画，突然发现一副破旧原装原裱七字楹联，落款“许景澄”。没想到在北京苦苦搜寻五年而不得的京师大学堂第二任管学大臣的墨宝，竟然在香港地摊上以五百港币的价格“捡漏”，真是“踏破铁鞋无觅处，得来全不费功夫”。这一发现，弥补了北大历任校长（管学大臣）墨迹之空缺。

二是得益于三伯母的鼎力支持。三伯母汤蕉媛是印尼华侨，毕业于北京大学数学系，1964 年嫁给我的三伯。用三伯的话说，“她可是富家小姐，家庭非常富有，一家人非常爱国。没有她，我哪能收藏这么多东西？”的确，三伯母对三伯收藏的支持是令人感动的。不仅允许三伯的工资基本用于收藏，

《二十世纪中国文化名人墨迹》
作　　者｜程道德 主编
出 版 社｜北京出版社
出版时间｜ 2000 年 5 月

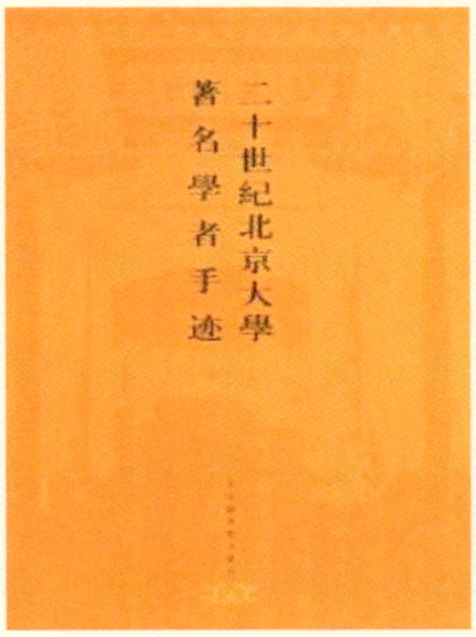

《二十世纪北京大学著名学者手迹》
作　　者｜程道德 主编
出 版 社｜国家图书馆出版社
出版时间｜ 2003 年 5 月

《康有为牛津剑桥大学游记手稿》
作　　者｜康有为 著；程道德点校
出 版 社｜国家图书馆出版社
出版时间｜ 2004 年 7 月

《中国近现代文化名人遗墨》（上下册）
作　　者｜程道德 主编
出 版 社｜中国方正出版社
出版时间｜ 2008 年 4 月

《字字珍藏：名人信札的收藏与鉴赏》
作　　者｜程道德、方继孝 编著
出 版 社｜国家图书馆出版社
出版时间｜ 2004 年 7 月

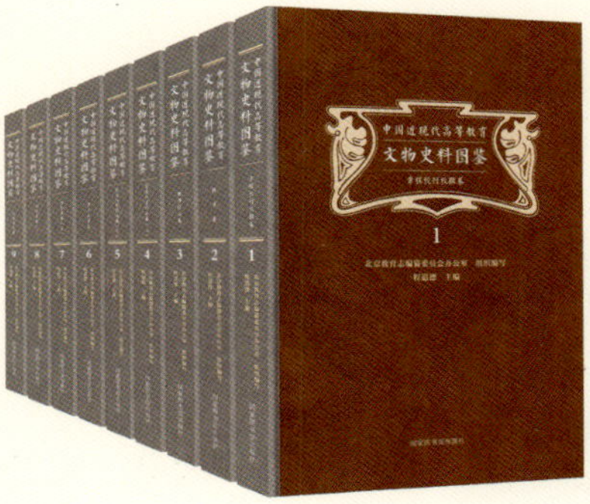

《中国近现代高等教育文物史料图鉴》（七卷九册）
作　　者｜程道德、方继孝 主编
出 版 社｜国家图书馆出版社
出版时间｜ 2000 年 5 月

还把自己父亲在印度尼西亚望加锡市的遗产——一幢三层楼的商铺变卖后的资金全部用于支持三伯的收藏事业。而最令人感动的是，三伯母有时还会亲自出马，为三伯的收藏“跑断腿”“磨破嘴”。比如，为了成功举办“20世纪北京大学著名学者墨迹展”，为北大学子和后人留下珍贵墨宝，三伯母主动承担起向北京大学著名学者“讨墨宝”的任务。一开始，很多知名学者不了解征集墨宝的用意，甚至以为有什么经济利益目的，总是将三伯母“拒之门外”。但“精诚所至，金石为开”，跑一趟不行，那就约时间再跑一趟。就这样三番五次，无论晨昏，无论寒暑，带着干粮甚至还有速效救心丸，穿梭在燕南园、朗润园、燕东园之间，三伯母硬是用自己的诚意，感动了诸多

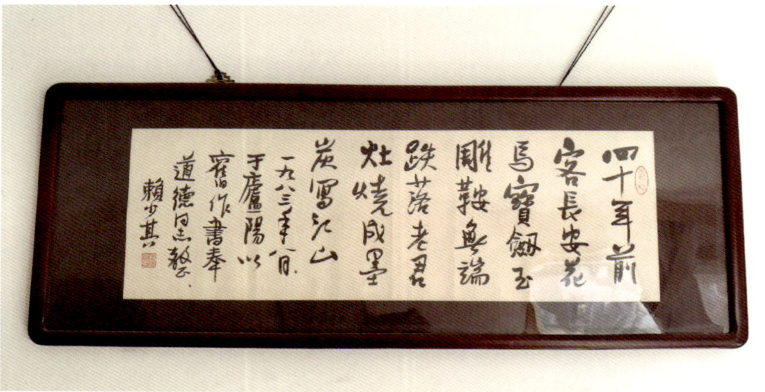

1983 年赖少其书赠程道德《四十年前客长安》行书一幅

2017 年程道德光荣入选“中国好人榜”

程道德家庭旧影

知名学者。他们纷纷欣然命笔，题词相赠。在北大校庆名人墨迹展览期间，就有当初下过“逐客令”的知名学者诚恳地向三伯母鞠躬致歉。

三是几十年来的节衣缩食。三伯为了收藏事业，生活过得十分节俭。走进三伯位于北京育新花园的家，看不到一件像样的家具，生活堪称清贫。映入眼帘的只有墙上悬挂的名人字画、书房里成摞成摞的报刊书籍、大包小包分类好的各种藏品。身上的衣服一穿就是多少年。2018 年，三伯到黄山举办展览，我看到他身上的衣服实在不像样子，专门给他买了一件细条纹衬衫，穿了参加第二天的展览开幕式。一次到北京出差，公务之余去看望三伯、三伯母，送给三伯母一件绛红色羊毛外套。后来，只要照相，三伯母就穿上它。照完相，就又脱下收起来。并且跟人说，这是燕儿给买的。三伯一家饮食就更简单了。当初三伯到香港讲学，每次都带上一堆方便面，目的是把讲学收入节省下来，尽可能多地到香港市场上淘得心仪的宝贝。

可以说，三伯搞收藏，耗尽了毕生所有的财力。几十年收藏过程中的酸甜苦辣，不仅锻炼了三伯的独到眼力，更锤炼了三伯孜孜以求、持之以恒的坚强意志和不达目的誓不罢休的顽强毅力。

回顾三伯四十多年的收藏经历，用三伯自己的话说，大致可分为两个阶段。自改革开放到 1999 年这二十年间，属于第一阶段，为业余爱好性质，收藏仅是“副业”，当时只顾收藏，无暇顾及藏品的整理与研究。1999 年正式退休后至今的二十多年间，属于第二阶段，收藏成为“主业”，倾心收藏，潜心研究，并取得了一系列成果。先后在北京、西安、屯溪、休宁、绩溪等地举办各类大型展览 16 次。在《光明日报》《中华读书报》《中国收藏》《中国文物报》《文物天地》《收藏》等报刊发表各类研究文章百余篇。主编出版《二十世纪中国文化名人墨迹》《二十世纪北京大学著名学者手迹》《民国时期军政要员手迹》《中国近现代文化名人遗墨》（上下册）、《近代中国高等院校修业证书图鉴》（上下册）、《中国近现代高等教育文物史料图鉴》（七卷九册）、《字字珍藏：名人信札的收藏与鉴赏》（与人合著），点校《康有为牛津剑桥大学游记手稿》等十余套专著。这期间，三伯也陆续出任中国收藏家协会理事，北京收藏家协会常务理事、书画专业委员会主任、文物鉴定专家组成员等职务。

至此，三伯真正把收藏作为传承和弘扬中华优秀传统文化的崇高事业，担在肩上，落实在行动上。

情系桑梓 爱满人间

三伯虚龄九十，已入耄耋之年。除了耳朵听力和腿脚有些不便以外，身体状况良好。特别是其思维反应依然十分敏捷，说起收藏来总是侃侃而谈、滔滔不绝，不仅语言表达流利顺畅，而且记忆力特别好，逻辑性特别强。

坐在三伯育新花园的家中，与他聊起收藏与捐赠的话题，三伯的话匣子一下就打开了。“我的感恩思想是很强烈的，对家乡很留恋。没有家乡的培养，哪有今天的程道德？！”“收藏，就是为了传承和发展。我所收藏的这些东西，体现的是传统文化的根和魂。我们不仅要把这些中华民族的精神财富留下来，更要一代一代传下去，并且发扬光大。”“好的宣纸流传上千年！靠自己保存能够传得下去吗？自己保存个几十年、上百年不得了啦，最后毁了多可惜！”“怎么样才能发扬光大？留在个人手里、放在保险箱中怎么能

2015 年程道德等在“学人风范——中国近现代大学校长遗墨展”上

2019 年 11 月 16 日，祖孙对弈，棋逢对手

2019 年 10 月 4 日，孙辈采访小组携采访提纲、主干内容和分支提问，登门访问爷爷

发扬光大？所以我在征得家人同意的情况下，决定把我的藏品捐出去，真正让它发挥应有的作用。”

实话说，三伯的这些想法早就付诸实际行动了。在 2004 年春夏之交的“在京休宁籍人士恳谈会”上，三伯就深感休宁作为一个出了 19 个文武状元的中国第一状元县，却没有一座展示科举文化的状元博物馆。于是，就在会上首次提出建设中国状元博物馆的倡议，并表示“若状元县能建起状元博物馆，我将捐出收藏之科举制度文物，作为状元博物馆藏品”。在休宁县委、县政府的积极响应和不懈努力下，2005 年中国状元博物馆终于建成并正式对外开放。三伯毅然践行诺言，捐出清代科举文化系列藏品 200 余件，在状元博物馆群落内分建一座清代科举文化馆，并于 2010 年 11 月 17 日正式开馆。

2022 年 11 月 16 日，爷孙掰手腕比赛，爷孙年龄分别为 87 岁与 16 岁，裁判由 84 岁的奶奶担任。比赛结果：不分胜负

随着三伯的年龄越来越大，随着收藏的藏品越来越多，充分发挥这些藏品作用的想法也越来越急迫。三伯知道，时间不等人。他急切地希望在他的有生之年，通过方方面面的努力，能够使他心中的愿望得以实现。之前，三伯曾经想通过与人合作，在黄山建设一座“徽商博物馆”，把所有与徽商有关的文物藏品全部捐献出来。然而几年过去，因场地、资金等问题最终没能解决，所有的想法只能搁浅。

如今，乡愁已成为三伯心中挥之不去的情愫。三伯离开家乡已近七十年，但至今乡音未改，说起休宁方言还是那么纯正地道。近七十年的离乡生涯，令三伯的家乡情结愈加浓厚，回报故里的愿望更加强烈。2023 年初，三伯萌生了在自己的家乡建一座“徽州乡愁博物馆”的想法。经过多方联系与沟通，黄山市档案馆作出积极回应，屯溪区委、区政府更是主动争取。市档案馆和屯溪区先后派员赴北京与三伯接洽建馆事宜。特别是屯溪区委、区政府高度重视，每次不是书记、副书记带队，就是请曾经在休宁主导建设状元博物馆、如今已经退休的市政协原副主席胡宁牵头，对接捐赠藏品，商讨展陈方案。从馆址选定到资金筹措，从设计单位到人员落实，从方案完善到招标启动，三伯无不热切关注，主动出谋划策，并且与相关人员始终保持热线联系。2023 年底，三伯捐赠给“徽州乡愁博物馆”的 200 余件珍贵文物藏品，已分两次全部运送到位。目前，博物馆的装潢装饰工程、所有藏品的展陈设计制作，都在有序推进当中，按计划将在 2024 年“五一”前后正式开馆。届时，三伯承诺一定亲临现场参加开馆仪式。

我知道，“徽州乡愁博物馆”建设事宜落定，压在三伯心头多年的一块大石头终于放下了，他的心情明显轻松了起来。但我深知，三伯和三伯母还有一桩共同的心愿没有完成，那就是在北京高校云集的海淀区范围内建设一座“中国高等教育博物馆”。值得庆幸的是，几个月前三伯兴奋地告诉我，“中国高等教育博物馆”的筹建事宜已经有了一些眉目。届时，三伯将捐出所有与高等教育有关的文物藏品，以了却他一生中最大、最后的心愿。

我一直在想，作为一个热爱收藏的耄耋老人，把耗费一生心血积攒下来的这些珍贵藏品一一捐赠出来，不求任何回报，目的只有一个，那就是支持地方的文化建设，回报社会的养育之恩。这是怎样的一种境界，怎样的一种情怀啊！

作为晚辈，景仰崇敬之情不禁油然而生！

三伯，我爱您！

家山回望

维桑与梓，必恭敬止。程道德先生身居首都，心系桑梓。“要为家乡做点事情”，是他内心对家乡的承诺。于是，他毅然投身于故乡的文化建设事业，几乎将毕生的珍贵收藏悉数捐献。

改革开放以后，程道德先生六次重返故里，在家乡举办多次展览，内容涵盖中国科举文化、中国近现代文化名人等主题，旨在让深藏居奇之文物“活起来”，讲好中华优秀传统文化故事。每次展出，都给观众留下深刻印象，引起社会强烈反响，赢得普遍好评。

“我深爱中华文化，学者手迹也好，名家书法也罢，还有科举文献等，都是中华传统文化的精髓，我们可以从中体味历史名人的学养和人品，体会到我们这个民族对文化的矢志追求。我愿意用我的余生继续做这件事。”程道德先生用实际行动兑现了这一诺言。

中国，是每一个中国人有形的故土；中华文化，是每一个中国人无形的故乡。程道德先生所做的一切，不仅仅是为了徽州故里，也是为了守护每一个中国人心灵深处的故乡。

程道德回乡记

黄永强

程道德回乡，与原徽州行署老同事合影（2002 年）

从 1963 年回乡，到 2002 年回乡，程道德先生暌违徽州已经有 39 年了。

回乡路是这样漫长。近 40 年的光阴，让一个风华正茂的青年学子，变成了一个历经磨难、两鬓带霜的老人。但程道德没有感伤，也来不及感慨，因为心中藏着使命，因为有许多事要赶紧做！

1999 年，程道德从北京大学法学院正式退休，对于未来，他有明确的目标，程道德说："终于有时间和精力来回报培育我 22 年的桑梓故里，作为一介书生，唯有助力地方文化建设。"从改革开放后第一次回乡的 2002 年，

程道德回乡，在古紫阳书院与歙县中学负责人合影

程道德回乡，程氏三兄弟携家属在屯溪老街合影

程道德回乡，携夫人在休宁状元博物馆合影

迄今为止程道德一共回乡六次。细数这六次故乡之旅，不只是亲近故土的乡愁慰藉，更多的是守护文化、建设文化的一次次出发。

2006 年，应绩溪当地企业之邀，协助其举办“中国近现代文化名人墨迹展”，这是程道德的第二次回乡。绩溪是程道德的祖籍地，也是徽州文化的重镇，这里同样有程道德无法割舍的牵挂。

三年后的 2009 年，程道德再次回到绩溪，举办了颇具影响的“清代科举文物展”。之后的 5 月 11 日，在初夏热烈的阳光里，程道德回到休宁，中国状元博物馆迎来了它最亲切的贵人。

在此之前，程道德数次为中国状元博物馆捐赠。2004 年 3 月，他为尚在孕育中的中国状元博物馆捐出 3 件珍品：20 世纪 20 年代省立第二师范学校的喜报、清宣统年间满蒙文字试卷、清光绪二十八年国书。2005 年 9 月，他捐献了黄思永殿试朱卷、清朝进士手迹、乡试卷、县学考卷等珍贵文物。

程道德回乡，在绩溪参加有关活动发言

2007 年 2 月，程道德一次性送来 30 件藏品，包括拔贡朝考捷报、休宁县三十三都康熙六年清丈田亩鱼鳞册、乾隆五十二年花户执照等一批珍贵的徽州文书，极具史料价值。程道德捐赠的各类文书极大地丰富了状元博物馆的馆藏，扩展了状元文化的研究范围。同时，他连续不断的捐赠壮举，带动了更多社会力量参与文化建设，在休宁县举办的几次“海阳献宝”活动中，县内外的单位和个人踊跃捐献藏品。彼时，在程道德的榜样作用感召下，“海阳献宝”成为“状元县”一道温暖人心的文化风景，成为休宁新时期美名流传的文化品牌。

在时任休宁县委书记胡宁和文化部门负责人的陪同下，程道德和夫人汤蕉媛女士参观了新落成的海阳戏楼和海阳书院、状元阁等一批文化设施。家乡的巨变让老人欣喜，文化建设所带来的蓬勃气息更让老人沉醉。程道德说，休宁这几年，在文化事业上做了许多了不起的大事，给老百姓带来莫大的福祉，文化对一个地方的滋养，对后世的造福是巨大的。他希望休宁再接再厉，沿着这条路继续走下去，齐心协力，创造出文化大发展、大繁荣的喜人景象。

就在这趟回乡之旅中，还发生了耐人寻味的“一碗面”的故事。在县里的工作结束后，县政府设宴欢迎程道德伉俪。大家落座后，程道德发言了，他表示，县里要用钱的地方